DEBOUT

ROSE McGOWAN

DEBOUT

Traduit de l'anglais (États-Unis) par
THIBAUD ELIROFF

HarperCollins

Titre original :
BRAVE

Ce livre est publié avec l'aimable autorisation de HarperCollins Publishers, LLC, New York, U.S.A.

Certains noms ont été changés pour respecter l'anonymat de certaines personnes.

HARPERCOLLINS FRANCE
83-85, boulevard Vincent-Auriol, 75646 PARIS CEDEX 13
Tél. : 01 42 16 63 63

www.harpercollins.fr

ISBN 979-1-0339-0239-3

À toutes celles d'entre nous qui ont survécu.

SOMMAIRE

AVANT-PROPOS

Mon existence a toujours côtoyé les extrêmes. Le livre que vous tenez entre les mains ne déroge pas à la règle. Tout au long de sa rédaction, j'ai été piratée, suivie, espionnée. On m'a volé des pages du manuscrit. Des agents secrets israéliens et des avocats sans pitié, parmi les plus redoutables, se sont invités dans ma vie. Ces gens malveillants m'ont harcelée sans relâche pendant que je ressuscitais les fantômes du passé. Tout ce que je peux dire, c'est que le processus d'écriture a été extraordinairement stressant, toujours sur le fil, et que j'ai dû mettre en place une stratégie de défense en béton armé pour réussir à aller au bout. Aucune autre option n'était envisageable. Il fallait que justice soit rendue.

Et c'est ce qui s'est passé. Je suis très fière d'avoir joué un rôle dans ce grand déballage cataclysmique et dans la chute de ces monstres. Je crois sincèrement que la victoire d'une seule est la victoire de tous.

Il y a quelques années, j'ai compris que je devais faire entendre ma voix contestataire, si je voulais que la société soit un jour prête à découvrir la Vraie Histoire. J'ai choisi de combattre au grand jour les fabricants de mythes, les affabulateurs et les monstres sacrés d'Hollywood. Cela fait trop longtemps qu'ils sont au sommet, que leur réputation leur permet de commettre des crimes en toute impunité. Je voulais que plus personne ne puisse faire semblant de ne pas voir ce qui se passait. Et puis il y a eu les dernières élections présidentielles américaines. Elles ont mis le sexisme sous les feux de la rampe ; cela a créé les conditions idéales pour rendre la vue à tous ceux qui se prétendaient aveugles.

Début 2017, j'ai pris contact avec deux journalistes d'investigation. Je travaillais sur DEBOUT depuis quelques mois. L'heure était venue. L'histoire s'est propagée, les rebondissements se sont enchaînés, et je suis fière d'avoir contribué à allumer la mèche d'un incendie à l'échelle planétaire.

Notre parole, la mienne et celle de tant d'autres survivantes encore debout, a renversé des titans dans toutes les industries. Nous sommes devenues une force. Le nombre de nos voix ne fait qu'augmenter. Nous ne devons rien lâcher et, même si c'est dur, nous devons continuer à faire du bruit, à les pousser dans leurs retranchements. Chacune d'entre nous compte.

Au nom de la liberté. De la vôtre. De la mienne.

Faites entendre votre colère.

RM

PROLOGUE

« T'as rompu ? »

Au début, la question me mettait sur les nerfs. Je trouvais ça sexiste, cliché et déprimant. Jamais une rupture ne me laisserait dans un tel besoin de liberté que j'en viendrais à changer de comportement. Mais plus on me posait la question, plus je m'interrogeais sur mes motivations. Et je me suis rendu compte que si, j'avais bel et bien rompu avec quelqu'un. Avec vous. Avec la société. Avec l'idéal hollywoodien, auquel j'ai pourtant activement participé. Avec la « femme » parfaite que chaque actrice de chaque pub de shampooing te vend, et qui te dit : « Voilà le secret pour qu'un mec ait envie de toi. » Les cheveux longs, brillants, à la Kardashian, qui te font passer le message : « Baise-moi, mon grand. » Comme si on se résumait à ça. Les cheveux. C'est avec les cheveux que j'ai rompu. Et ça a pris des années. Sortir de ma lobotomie n'a pas été facile. Je n'ai jamais aimé avoir les cheveux longs ; ça attire le regard des hommes, et j'ai la sensation que la vraie moi disparaît en dessous. Je m'en servais pour me cacher le visage, pour observer les autres sans trop me faire voir, pour dormir. Ça, pour dormir, j'ai dormi. La vraie Rose dormait pendant que la fausse Rose vivait une existence alternative bizarre en jouant le rôle de quelqu'un qui jouait des rôles.

J'ai presque toujours eu les cheveux courts. Je les préfère

comme ça. Comme les stars du cinéma classique et les filles punks que j'admirais. J'aime avant tout être un individu. Ne ressembler ni à un homme ni à une femme, mais à quelque chose qui hésite entre les deux. Les deux périodes où j'ai eu les cheveux longs ont été les pires de ma vie, celles où je m'étais perdue — quand j'étais adolescente et que j'étais atteinte de graves troubles du comportement alimentaire, et plus tard, quand j'ai souffert des troubles mentaux qu'on appelle Hollywood. Les problèmes mentaux ont duré beaucoup plus longtemps que les troubles alimentaires, mais les deux ont ceci en commun qu'on n'est plus soi-même. Et les deux sont orchestrés par l'organe de propagande numéro un de notre pays : Hollywood. On m'a dit que je devais avoir les cheveux longs, sans quoi les directeurs de casting ne voudraient pas me sauter. Et donc ne m'embaucheraient pas. L'auteur de ce conseil n'était autre que mon agente, une femme, ce qui est terrible à bien des égards. Terrible et tellement, tellement triste. Terrible car je tenais cette information d'une femme plus âgée, qui se faisait la porte-parole de ce que Hollywood voulait. Triste parce qu'elle avait raison. On met cette idée dans le crâne de toutes les femmes et de toutes les filles de manière plus ou moins détournée : les cheveux longs, c'est sexy. Moi, on me l'a dit cash. Comme si j'avais reçu un appel en direct pour m'expliquer ce dont « l'homme » avait envie.

Eh bien, merde à Hollywood. Merde à cette idée. Merde à la propagande. Merde aux stéréotypes.

Si vous êtes une Jennifer Lawrence, du genre petite mignonne qui fait craquer l'Amérique, vos cheveux sont blonds, point barre. Si vous êtes la méchante, ils sont longs, bruns et épais. Voilà les règles : tu ne t'en écarteras point. J'avais des cheveux magnifiques, des cheveux de concours de miss. Mes coiffeurs gays me prenaient pour leur Barbie ; en tout cas, c'est ce qu'ils me disaient. Moi je n'avais pas l'impression de ressembler à une Barbie. Je me voyais plutôt comme une poupée gonflable, celle qui a un trou à la place de la bouche. La machine Hollywood avait fait de moi le fantasme sexuel ultime. Tous les hommes et les femmes dont la mission était de me transformer en sex-toy sur pattes ont très bien fait leur job, mais, au fond de moi, je mourais à petit feu, et j'avais honte de l'image que je renvoyais. Je ne savais pas comment changer ce qui n'allait pas, quand tant de choses dans ma vie partaient en vrille.

Je rencontre énormément de filles et de femmes qui me confient que leurs cheveux sont comme une couverture de survie derrière laquelle elles se cachent. C'est aussi symptomatique que navrant. Ayez les cheveux longs si *vous* en avez envie, mais sondez vos motivations. Dans quelle mesure la société, en vous disant à quoi vous devez ressembler, intervient-elle dans votre décision ? Dans quelle mesure les médias, en vous montrant à quoi vous devez ressembler, interviennent-ils dans votre décision ? Et si vous vous dissimulez derrière vos cheveux, pourquoi vouloir vivre en cachette ? Et d'abord, de quoi vous cachez-vous ?

Quand je me suis rasé la tête, c'était un cri de guerre. Mais, surtout, c'était la réponse à la question que je haïssais tant.

Est-ce que j'avais rompu avec quelqu'un ?

Oui, j'avais rompu avec le monde.

Et vous aussi, vous avez le pouvoir de le faire.

Je m'appelle Rose McGowan et je suis DEBOUT.

INTRODUCTION

Il était une fois une actrice célèbre qui s'appelait Frances Farmer. Elle détestait sa vie artificielle, elle rêvait de s'en libérer. Elle a essayé de fuir la notoriété et la toxicité du patriarcat de Hollywood, mais le studio l'a rattrapée et l'a fait interner dans un asile. On l'a enfermée. Elle n'avait aucun problème psychiatrique : elle ne voulait pas être célèbre, c'est tout. Désespérée, elle réclamait qu'on lui rende la vie qu'on lui avait volée. Mais elle s'est retrouvée allongée, sanglée, le cerveau traversé par un courant électrique. Chargez. Dégagez. Choc. Et on recommence. Le pouvoir masculin en place à Hollywood voulait que Frances soit une bonne petite fille docile, et qu'elle le reste. Après le traitement, elle n'a plus jamais été elle-même. Il ne restait plus qu'une coquille, une ombre de femme. Tout ça parce qu'elle avait refusé d'être vendue comme un divertissement.

Très peu de sex-symbols ont réussi à quitter Hollywood avec toute leur tête. Certaines y ont même laissé la vie. Sous les rues de la ville gisent les corps des plus vulnérables, celles qui se sont fait baiser, à qui l'on a menti, qu'on a blessées. Je le sais, car j'aurais pu faire partie du lot. Vous croyez peut-être que ce qui se passe à Hollywood ne vous concerne pas. Vous vous trompez. Mes chéris, qui, d'après vous, façonne votre réalité ? Qui vous montre celles et ceux que vous voulez être ?

Je veux crever l'abcès d'un mal qui nous ronge et dont pas grand-monde, voire personne, ne parle : comment et pourquoi Hollywood crée des miroirs déformants, qui vous renvoient une image de vous-même façonnée par d'autres. Hollywood influence votre vie à un niveau dont vous n'êtes peut-être même pas conscient.

À l'époque où j'étais un produit de consommation, je vous ai moi aussi retourné le cerveau. J'ai tortillé du cul dans votre tête avec tout le professionnalisme requis. J'étais la cigarette dont les publicitaires vous font croire que vous avez besoin. Je me suis trouvée de l'autre côté du miroir. À vous observer. À vous étudier. À vous imiter. Nous le faisons tous, à Hollywood, dans les médias, dans la pub. Pour pouvoir vous vendre un produit encore plus performant, plus susceptible d'implanter dans votre cerveau, dans vos pensées, dans votre porte-monnaie, ce que « nous » voulons. Et ça marche. On vous vend une réalité illusoire au prix imbattable de 14 dollars[1].

Les hommes qui croyaient me posséder croient également *vous* posséder. Ces « créateurs de contenus » sont les derniers représentants d'une longue lignée de marchands de mythes ininterrompue depuis les rédacteurs de la Bible. Ce sont surtout des égocentriques pathologiques autoglorifiés abusant de leur pouvoir, qui n'ont jamais été aussi dangereux qu'aujourd'hui. Bien peu de gens à Hollywood — et aucune actrice, à ma connaissance — se sont un jour rebellés. Quand il s'agit de protéger les siens, Hollywood agit comme une mafia. Surtout quand « les siens » sont de riches hommes blancs. Voilà, je l'ai dit. Mais devinez quoi, c'est la vérité. Je n'invente rien. Il paraît aussi que l'eau mouille et que le feu brûle.

En racontant un peu de mon histoire, j'espère allumer

1. Environ 12 €, le prix d'une place de cinéma. *(Toutes les notes sont du traducteur.)*

un projecteur. Tous ceux qui ne voient dans Hollywood qu'une blague idiote se trompent. C'est un business extrêmement sérieux, qui garde ses gains. Vous pensez peut-être que vous divertir ne coûte pas plus cher que les quelques billets durement gagnés que vous allez allonger pour votre place de cinéma, ou que le virement mensuel à votre fournisseur d'accès Internet. Mais moi je vous dis que vous n'avez pas la moindre idée du prix dont vous vous acquittez réellement. Vous ne payez pas avec des dollars, mais avec votre esprit, votre comportement, vos schémas de pensée. Autant de choses qui ne devraient pas avoir de valeur marchande. Dans notre société du vu-à-la-télé, tout ce que vous avez visionné et consommé depuis votre naissance a contribué à vous former, et continue de le faire. Même ceux qui ont choisi de rester en dehors de cette réalité illusoire doivent rester vigilants pour ne pas être contaminés par ces mensonges et ces messages nocifs. Car ils sont insidieux, et ils sont partout.

Au cours de ma vie, vous allez le voir, j'ai fui une secte toxique pour mieux tomber dans une autre, la plus puissante de toutes : Hollywood. J'écris « la plus puissante de toutes », car il n'existe rien de plus destructeur, à part une bombe nucléaire. DEBOUT est l'histoire de la lutte que j'ai menée pour me soustraire à son emprise et pour récupérer ma vie. Je veux vous aider à faire de même.

Vous pouvez dire stop.

Vous pouvez dire oui à une version plus libre de vous-même.

Vous pouvez vous défaire du piège qui, croyez-moi, vous a été délibérément tendu.

J'écris ce livre car je veux avoir une vraie conversation avec le public, et tout spécialement avec vous. Savoir que mes mots pénétreront votre conscience, que mes pensées visiteront votre esprit, est un honneur, mais aussi une responsabilité que je prends très au sérieux.

Appelez ça un service public si vous le souhaitez : c'est exactement ça.

Hollywood est une ville sordide où il se passe des choses sordides.

Il ne s'agit pas ici de faire le grand déballage.

Mais de vous expliquer comment ça fonctionne.

PREMIÈRE PARTIE

ENFANT DE DIEU

Laissez-moi vous dire un truc à propos des sectes : elles sont partout.

Si vous suivez la vie des Kardashian, vous êtes dans une secte. Si vous allez sur Internet discuter de votre série préférée avec d'autres gens qui, comme vous, n'en peuvent plus d'attendre de savoir ce qui se passera dans le prochain épisode, vous êtes dans une secte. Si vous êtes accro aux news, si vous allez les chercher toujours à la même source, de préférence impartiale, vous êtes dans une secte. Vous vivez votre vie à travers d'autres personnes. Si vous votez aveuglément pour ceci ou cela, vous êtes dans une secte. Si vous êtes à fond dans la machine de propagande de votre pays, vous êtes dans une secte. Regardez autour de vous et vous verrez des sectes partout. Partout où il y a une pensée commune, une mentalité commune, il y a une secte. Vous êtes forcément dans une secte, rentrez-vous ça dans le crâne.

Le premier pas pour se déprogrammer, c'est d'en être conscient. Je sais de quoi je parle, j'ai échappé aux deux sectes les plus emblématiques de tous les temps.

Pour ceux qui m'ont connue actrice, je dois vous informer que je n'ai jamais été cette personne. Je l'ai déjà dit, je jouais le rôle de quelqu'un qui jouait des rôles. J'étais piégée dans des idéaux sociétaux figés, dans un cadre genré que des gens qui n'auraient jamais dû s'approcher de moi (ou de vous) m'ont imposé. On m'a graaaaaave retourné la tête. J'avais déjà rejeté le lavage de cerveau une première fois dans ma vie, mais, plus tard, le Culte de la Pensée hollywoodienne m'a rattrapée.

Ma vie a irrémédiablement changé le jour où je suis devenue un pixel projeté dans un satellite orbital, puis rebalancé dans votre salon, votre chambre, votre vie. Mon job consistait à vous sortir de votre quotidien un moment, vous faire éprouver de l'empathie, vous faire ressentir n'importe quoi. Je prenais mon travail très au sérieux. Mais, comme dans la plupart des sectes, parce que j'étais une femme, on me considérait comme un objet à posséder. On me vendait, pour le plus grand plaisir du public. Des hommes (et des femmes) parfaitement programmés se faisaient du fric sur mes seins, ma peau, mes cheveux, mes émotions, ma santé, mon être. Je n'étais prise au sérieux, et encore moins respectée, par personne. En tout cas pas par la plupart de mes concitoyens, et certainement pas par la secte Hollywood et son complexe mère/pute industrialisé à grande échelle.

Imaginez que votre valeur en tant qu'employée se mesure à la quantité de sperme que vous êtes capable d'extraire d'une masse d'hommes anonymes. Après tout, si des tordus se branlent sur vos films, vous devez bien valoir quelque chose, non ? Ça ressemble à de la prostitution ? Vous n'êtes pas loin de la vérité.

Imaginez que chacun des mots que vous avez prononcés pendant près de dix-sept ans, jour après jour, mois après mois, plan après plan, prise après prise, ait été placé dans votre bouche par un homme étroit d'esprit. C'est aussi dérangeant que profondément anormal.

Cela m'a pris du temps de comprendre que j'étais tombée dans une autre secte, car j'étais trop occupée à être quelqu'un d'autre que moi-même. Raconter mon histoire est une façon de me réapproprier ma vie.

Mais on va commencer par le début, d'accord ?

*
* *

Je suis venue au monde dans une grange aux murs de pierre, dans le tout petit village de Certaldo, en Italie, et, à ce qu'on raconte, des mains d'une sage-femme aveugle. Une expression américaine dit : « Ferme cette porte ! Tu es né dans une grange, ou quoi ? » Je suppose que je n'ai jamais besoin de fermer la porte si je n'en ai pas envie. Certains sont marqués du sceau de la bizarrerie dès leur naissance, et je crois que j'en fais partie.

La grange se trouvait sur la propriété du duc de Zoagli, plus connu sous le nom de Duke Emanuele, qui, en rejoignant les Enfants de Dieu, a fait don de sa maison et de ses terres à la secte. Sa sœur Rosa Arianna vivait là, mais elle détestait tous les membres des Enfants de Dieu. Mes parents m'ont donné son nom, sans doute pour qu'elle les ait à la bonne. Ça n'a pas marché.

Ce paysage vallonné, non loin de Florence, était superbe. Il y avait de grands cyprès sombres et des oliviers argentés, des vignes, des vergers et des géraniums dans de vieux pots en terre cuite énormes. Enfin, si vous êtes dans une secte, cet endroit en vaut bien un autre.

Non, en fait, c'était mieux qu'ailleurs. J'étais jeune, mais consciente de la beauté extraordinaire de cet endroit. Le fait d'être en osmose avec la nature me permettait d'échapper à ma condition. Depuis, j'ai toujours été attirée par les formes, les couleurs et les motifs lumineux, et la campagne italienne m'a hantée toute ma vie, dans le bon sens du terme.

Toute mon enfance, j'ai entendu parler d'un vieil homme terrifiant, Moïse-David Berg, le gourou adulé des Enfants de Dieu. Il donnait ses directives dans des dessins pamphlétaires appelés les « Lettres de Mo ». Peu importe ce qu'il disait, les gens lui obéissaient. Chaque fois qu'une nouvelle lettre arrivait, c'était comme si le créateur de l'univers s'était exprimé — un peu comme un directeur de studio à Hollywood. Et comme tout bon prophète autoproclamé, Moïse-David s'est révélé être le roi des connards. Mais les autres ne le savaient pas encore. Certains ne le sauraient jamais.

Je me souviens de beaucoup de jambes poilues appartenant tant à des hommes qu'à des femmes, comme dans ces dessins animés où on ne voit que les jambes des adultes, car le point de vue est celui d'un enfant. Je me souviens qu'on chantait beaucoup, qu'on priait, qu'on tapait dans nos mains, qu'on claquait des doigts. Oui, des doigts. On me disait que je devais rester assise par terre toute la journée à m'entraîner à claquer des doigts, sinon Dieu ne m'apprendrait pas à conduire quand j'aurais seize ans. Avoir seize ans et conduire étaient des choses très abstraites pour moi, mais le fait de claquer des doigts pour obtenir quelque chose me paraissait clairement absurde, même si j'étais très jeune.

Un soir, une femme vêtue d'une robe blanche entre dans ma chambre. On dirait un fantôme, une ombre, avec sa bougie — il n'y a pas d'électricité. Je me rappelle l'orage qui se déchaîne dehors, le volet qui bat contre le carreau de la vieille fenêtre. J'ai peur que la fenêtre se brise, mais la femme en blanc, qui s'est assise à mes pieds, m'empêche d'y penser. Je n'entends pas bien ce qu'elle dit à cause du vent qui siffle entre les pierres. Mais à un moment le vent se tait et elle me regarde droit dans les yeux en me demandant : « As-tu laissé Dieu entrer dans ton cœur ? »

À ce moment-là, je m'assieds, je lui rends son regard, je réfléchis et je fais non de la tête.

La femme me pince le pied et me tord la peau. Je ne vais pas lui faire le plaisir de pleurer. Ce refus entraîne un châtiment. Un châtiment corporel consistant en claques et en fessées — qui aime bien châtie bien, n'est-ce pas ?

Elle resserre sa prise. Je me mords l'intérieur de la lèvre pour ne pas fondre en larmes. Je la défie silencieusement des yeux.

La femme repose sa question, cette fois en allemand : « *Hast du Gott in dein Herz gelassen ?* »

Je réfléchis encore et je réponds : « Non. Pas aujourd'hui. Essayez demain. »

Elle me gifle. Fort.

Même à cet âge, je me disais que si je l'invitais dans mon cœur, ce serait *leur* Dieu que je laisserais entrer. Et qu'il prendrait la place de *mon* Dieu, que je voulais protéger. Leur Dieu était cruel. Leurs prêches n'avaient aucun sens pour moi, et leurs actes contredisaient leurs paroles. Ce n'était pas une réalité dans laquelle je voulais exister.

Plus tard, ma petite sœur Daisy m'a conseillé de dire oui, pour que les choses soient plus faciles pour moi. Mais j'ai continué d'endurer le châtiment. Je m'appelle Rose — qui s'y frotte s'y pique. Ma sœur, elle, était un petit ange aux cheveux d'or. Quand je la regardais, je me demandais comment elle était devenue si docile, comment elle avalait ça. Je vivais un étrange paradoxe : on m'expliquait que je ne faisais pas partie du monde au-delà des murs, mais je savais que je n'appartenais pas non plus à celui dans lequel j'étais cloîtrée.

Lorsque cette femme, ou une autre, ou parfois un homme, tous des étrangers, revenait le lendemain ou le surlendemain, je donnais toujours la même réponse : « Non, non, je n'ai pas laissé Dieu entrer dans mon cœur. »

Gifle.

Un soir, en entendant la femme chuchoter en allemand et taper du pied sur le sol, j'ai compris que j'allais encore souffrir.

« Non. »

Gifle.

Quand elle est partie, j'ai vu qu'elle avait laissé sa bible sur mon tapis de sol — tous les enfants dormaient sur ce genre de natte en plastique bleu ou orange. Je l'ai cachée derrière une commode. Chaque jour, j'en déchirais une nouvelle page, j'en fourrais un petit morceau dans ma bouche, je le mâchais, j'en ajoutais d'autres, et je les recrachais pour en faire une bouillie informe. Puis, avec la bouillie de bible, je façonnais de tout petits animaux que je dissimulais derrière la commode. Je jouais avec dès que je le pouvais. C'étaient mes jouets, moitié salive, moitié Jésus.

Je me disais que si j'avalais littéralement leur Dieu, peut-être que je pourrais un jour répondre : *Oui, je l'ai laissé entrer*. Peut-être qu'ils arrêteraient de me punir.

Les claques et autres mauvais traitements vous faisaient bien comprendre que vous n'aviez pas le droit à l'imperfection. À quatre ans, j'ai eu une verrue sur le pouce. Je marchais d'un pas hésitant dans un long couloir, quand une des portes s'est ouverte. Je me souviens des grains de poussière qui dansaient dans le rayon de lumière. Un homme à la tignasse blonde hirsute m'a soulevée de terre, a regardé ma main et a dit : « La perfection en toute chose. » Il a sorti une lame de rasoir et m'a débarrassée de ma verrue d'un coup sec. Puis il m'a reposée par terre avec un clin d'œil et a répété : « La perfection en toute chose », avant de refermer la porte, me laissant seule dans le couloir. J'étais trop choquée pour pleurer. Ma main pissait le sang, j'en mettais partout. Il me colorait les doigts d'un rouge étrangement beau. Comme ma main, j'étais engourdie. Je savais que je ne devais montrer aucune réaction, d'une part parce que c'est ce qu'ils attendaient de moi, d'autre part parce que ce discours sur la perfection commençait à faire son effet sur moi. Je suis partie sans rien dire.

L'agression du couloir a mis en place un schéma de pensée qui m'a retourné la tête pendant des années : la perfection comme moyen de défense. Si j'étais parfaite, tout irait bien. Si j'étais parfaite, on me laisserait tranquille et personne ne me ferait de mal.

Ce jour-là, j'ai pris la décision d'être aussi parfaite que possible, car je ne savais pas ce qui m'arriverait dans le cas contraire. J'étais terrifiée à l'idée d'avoir un quelconque défaut, qui me mènerait à ma perte. Je suis devenue extrêmement dure avec moi-même. J'ai pris l'habitude de m'observer d'un œil extérieur. J'examinais mes mains et mes pieds tous les jours pour m'assurer qu'il n'y poussait aucune bosse. Il n'y avait pas de miroir là-bas, pas que je m'en souvienne. Plus tard, quand j'ai intégré une culture si focalisée sur l'apparence — l'Amérique, puis Hollywood —, ma construction mentale en a pris un coup.

C'est bizarre, mais mon père, en contradiction presque directe avec le culte de la perfection qu'on nous inculquait, nous enseignait, à mes frères et sœurs et à moi, qu'il ne fallait sous aucun prétexte développer notre ego. C'était notre âme, notre intellect qu'il fallait cultiver. L'idée était peut-être qu'on reste humbles face à notre perfection physique. Je n'ai jamais vraiment compris. Tout ce que je savais, c'est que je ne devais jamais penser à moi en termes positifs. Que Dieu me punirait si je me trouvais géniale.

Quand j'étais enfant, jamais personne ne m'a dit que j'étais intelligente, débrouillarde ou même belle. Je ne sais pas ce que ça fait. Jamais personne ne m'a expliqué que je pourrais réussir ce que j'avais envie de faire si je m'en donnais la peine. On me disait que je ne valais rien aux yeux de Dieu. Que j'étais impure. Que j'étais sale. Et même si je savais que c'était faux, les mots faisaient mal.

Même toute petite, je n'ai jamais supporté qu'on ne m'écoute pas simplement parce que j'étais une enfant. C'était tellement injuste. Je détestais être petite et impuissante. Je regardais les membres des Enfants de Dieu et je me disais : *Tous ces problèmes dont vous parlez, je pourrais les régler en deux temps trois mouvements si seulement quelqu'un m'écoutait.* Ce que personne ne faisait. Parce que j'étais une fille. C'est le drame de ma vie. Je suis née contestataire — pas pour le plaisir d'être contrariante, mais parce que si on est capable de regarder les choses en face, d'identifier la source d'un problème et sa solution, pourquoi ne pas vouloir le régler ? Mais, plutôt que de m'écouter, on me laissait à la table des petits. Ce n'était pas très différent de Hollywood. C'est le lot des filles, n'est-ce pas ?

Mes seuls amis durant le temps que j'ai passé parmi les Enfants de Dieu étaient mon grand frère Nat, mon agneau de compagnie Agnello et un vieux fermier aux cheveux gris que tout le monde surnommait Fernando Crado. Ce dernier se méfiait des bains comme de la peste. On pouvait presque mâcher son odeur tant elle était épaisse ; quand il était dans le coin, je respirais par la bouche. Un jour, j'ai entendu Fernando Crado hurler. Mon père et d'autres membres de la secte l'avaient pris par les bras et les chevilles et l'avaient balancé dans la rivière. Fernando fut très surpris de constater que sa peau n'avait pas fondu.

Il nous emmenait, Nat et moi, dans une vieille grange où il nous faisait voir des *Playboy* aux pages jaunies en nous filant des Kit Kat périmés. Un vrai festin. Les femmes dans ces magazines me laissaient perplexe ; elles n'avaient pas de poils sur les jambes. C'était étrange. Mais j'adorais les Kit Kat au goût rance. J'aimais plus le chocolat que leur Dieu.

Je donnais le biberon à mon agneau, je m'occupais de lui. C'était mon premier animal de compagnie. Un soir, à la grande table du dîner, j'ai commencé à manger, quand une femme maigre au visage méchant et aux cheveux séparés par une raie au milieu du crâne s'est mise à rire. D'autres se sont joints à elle et bientôt toute la tablée se tapait sur les cuisses. Je ne voyais pas ce qu'il y avait de drôle, jusqu'à ce que quelqu'un me dise que c'était Agnello qu'on avait servi. Alors, j'ai compris qu'on me faisait manger mon ami. Je suis restée pétrifiée devant tous ces gens qui hurlaient de rire. Ravalant mes larmes, j'ai senti un mur de froideur, un roc de haine pure, grandir entre mon cœur et ces monstres. De vrais sadiques, qui aimaient déstabiliser les membres les plus jeunes. Des adorateurs du Christ, eux ? Depuis ce jour, je n'ai plus jamais mangé d'agneau.

La colère ne m'a plus quittée. Colère contre les injustices qui s'accumulaient. Colère contre toutes ces règles qui semblaient, et étaient, arbitraires. C'est cette même colère qui a conduit mon frère à mettre le feu à une étable. Lui aussi était furieux. Je ne voulais pas manquer ça, alors je lui ai couru après pour lui donner un coup de main. On était à l'intérieur de l'étable quand il a sorti une boîte d'allumettes, qu'il a craquées une à une avant de les jeter dans le foin qui recouvrait le sol de pierre. *Whoosh*. Le feu s'est étendu aux murs et a grimpé jusqu'au plafond. Le toit de chaume a commencé à crépiter. J'ai essayé d'étouffer les flammes avec mon pied, mais j'étais trop petite et c'était trop tard. J'avais beau taper et taper dessus, je n'arrivais à rien. Si j'avais connu le mot *putain*, nul doute que je l'aurais prononcé. Le toit s'est mis à craquer de plus en plus fort, et il commençait à faire très chaud. Je savais qu'on aurait de très, très gros ennuis si on sortait et qu'on se faisait attraper par les adultes. Mais le feu était partout.

On est sortis.

C'est le moment où je suis censée vous raconter l'odieux châtiment que nous valut notre sabotage, mais la vérité, c'est que je ne m'en souviens pas. Je me rappelle la terreur d'être découverte, une sensation de peur telle que j'avais l'impression de ne plus avoir de peau. Dans un film, ça se passerait comme ça :

Un garçon blond costaud et une fillette fluette se cachent de leur père. Soudain, deux paires de mains les attrapent par le col et les soulèvent du sol. Empruntant un chemin labyrinthique, les enfants sont exhibés comme des trophées aux regards concupiscents des sectateurs. Ils sont amenés au Grand Juge, qui les attend sur son trône en bois vert. De jeunes femmes nues aux seins lourds et aux fesses rebondies se tiennent à genoux aux pieds de leur redoutable gourou, dans une attitude de vénération. Le Grand Juge rejette la tête en arrière, les yeux fermés pour mieux entendre les prières qui montent jusqu'à lui. Il est le paradis sur terre. Les femmes oignent son corps de leurs mains diaphanes en chantant ses louanges. Le gourou, le Grand Juge, ouvre les yeux et pointe un doigt accusateur vers les deux enfants, et l'humiliation commence.

On dirait un film hollywoodien, non ? La réalité n'était peut-être pas si éloignée. En fait, ma carrière d'actrice a débuté à cette époque. On nous envoyait chanter et jouer des saynètes dans les orphelinats et les hôpitaux locaux, ou dans la rue. Armée d'un chapeau pour faire la manche, j'allais chanter des chansons sur Jésus dans les rues de Rome. Une fois le chapeau plein, une main charitable venait me délester de son contenu, et je n'avais qu'à tout recommencer. Merci beaucoup. Cet argent était le fruit de *mon* travail, et on me le prenait. Je regardais les familles normales, les enfants qui déambulaient avec une glace ou des bonbons, et je me demandais à quoi ressemblait leur vie. Les filles portaient de jolies robes ; moi, j'avais une salopette marron délavé et des sandales en cuir. Quand ces enfants si bien habillés me regardaient, j'essayais de cacher mes mains et mes pieds poussiéreux. On restait debout pendant des heures à chanter ces putain de chansons, sous un soleil de plomb ou une pluie battante. J'avais dans les cinq ans. Mes petites jambes me faisaient souffrir, mais j'aurais eu des ennuis si je m'étais assise.

Il fallait revenir avec de l'argent, ou bien notre famille était punie. Je sentais le stress des adultes quand les Systémites (c'est comme ça qu'ils appelaient tous ceux qui ne faisaient pas partie de la secte) se détournaient et ignoraient les pamphlets qu'on essayait de vendre. Tu rapportais peu, tu mangeais peu. Oui, on avait souvent faim. La nourriture était rationnée et, si on revenait avec trop peu d'argent, elle était donnée à une autre famille, en guise de châtiment. Mais quand de potentiels nouveaux membres ou des journalistes nous rendaient visite, on gavait les enfants de riz, de lait et de sucre pour les engraisser. On s'empiffrait à s'en faire vomir, mais j'adorais la sensation d'avoir enfin quelque chose dans le ventre. Et j'adorais le sucre.

Parfois la presse locale était invitée pour couvrir nos bonnes actions. « Si vous voulez voir toutes les prouesses que nous réalisons au sein de la communauté des Enfants de Dieu, rejoignez-nous. » Vous voyez ? Nous ne sommes pas une bande de hippies illuminés, d'ailleurs, quel hippie saurait si bien chanter Jésus ?

On m'envoyait auprès des enfants malades dans les hôpitaux. Je me disais : *Mec, si c'est ton dernier jour sur terre, je suis désolée qu'on te force à écouter une gamine chanter des conneries sur Jésus. Moi non plus, j'ai pas demandé à être ici. Pardon.*

Mais même si c'était bizarre de chanter dans des hôpitaux — et ça peut paraître dingue —, j'ai toujours su que je deviendrais célèbre un jour, avant même de savoir ce qu'était la célébrité. C'était écrit. Je ne pourrais pas l'expliquer.

Un jour, on m'a emmenée voir un film. Ça m'a profondément marquée. Je ne me rappelle plus le titre, mais c'était un film italien. L'actrice principale, aux cheveux courts et très bruns, jouait une infirmière. Elle portait un uniforme blanc impeccable et un petit chapeau de la même couleur. On la voyait dans une cabine téléphonique pleurer et hurler après son amant, un docteur marié, qui était en train de la larguer. Du revers de la main, elle étalait son rouge à lèvres sur tout son visage. Puis elle déchirait sa tenue en faisant sauter les boutons, dévoilait sa poitrine, et sortait son tube de rouge à lèvres de son sac à main pour s'en barbouiller les seins, comme une folle. J'étais captivée par cette scène fabuleuse. Je voulais le même rouge à lèvres et des cheveux comme les siens. Enfin, j'avais droit à un peu de glamour dans ma jeune vie. Voilà ce que je désirais. Le sentiment de ne pas être née au bon endroit est monté d'un cran.

À un moment, mon père a déniché un Brownie, un appareil photo vintage. Les quelques clichés qui existent de mon enfance ont l'air super vieux et sont quasiment tous en noir et blanc. J'ai commencé par observer mon père immortaliser les personnes et les objets, puis je me suis mise à jouer avec. J'ai appris à voir les choses à travers un cadre. L'objectif pourri me montrait la réalité sous un autre angle, toutes ces images me racontaient une histoire. J'avais presque chaque fois l'impression de sortir de mon corps. J'étudiais, je cadrais, je documentais ce qui se passait, je prenais note de tout : les odeurs, les sons, les goûts, les situations, les gens. Avec le recul, je me rends compte qu'il s'agissait d'un processus de dissociation pour tenir le traumatisme à distance. Un mécanisme de défense dont je me suis servie toute ma vie. Si on regarde le verre à moitié plein, c'est à ce moment-là que je suis tombée amoureuse de la photographie. Mais j'ai surtout trouvé quelque chose à mettre entre moi et le monde, une chose qui me permettait de le voir différemment. Tous ses détails m'apparaissaient à travers l'objectif. Rien n'arrive vraiment si je ne suis pas là, n'est-ce pas ?

Je m'évadais aussi par les livres. Les mots étaient mon refuge à l'époque, mon grand réconfort, et ils le sont toujours aujourd'hui. J'ai survécu en m'immergeant dans des mondes, des siècles et des vies différents.

Les livres m'ont également permis de travailler mon jeu d'actrice, car je m'appropriais la personnalité de tous les personnages que j'y rencontrais. Serfs ou monarques, j'analysais tous les détails de leur caractère et de leur comportement, et je les imitais. Quand j'arrivais au bout de leurs histoires, je pleurais s'ils mouraient. Je prenais les livres très au sérieux. Mais pas les livres des Enfants de Dieu, qui manquaient totalement de crédibilité à mes yeux. Ces Lettres de Mo étaient tellement... stupides. Il est difficile de croire que tant de gens se soient fait avoir.

Entre-temps, les croyances et les pratiques des Enfants de Dieu ont commencé à devenir de plus en plus dangereuses. Moïse-David, notre gourou, contraignait les jeunes femmes à faire ce qu'on appelle de l'« hameçonnage sexuel ». Il les envoyait à l'extérieur — on parle là de filles à peine pubères — séduire des hommes dans des bars ou des cafés. Et les types se réveillaient dans la secte. Moïse-David avait baptisé ces filles « Les putes de Jésus ». Les putes de Jésus ? Mais va te faire foutre, Moïse-David, espèce de grosse merde. Va te faire foutre pour tout le mal que tu as fait. Une fois de plus, il n'était question que de domination masculine, et d'utiliser le sexe comme une arme de manipulation mentale. Les jolies femmes étaient une cible prioritaire — encore un point commun avec Hollywood. Et, tout comme à Hollywood, c'étaient des femmes qui aidaient Moïse-David à persécuter d'autres femmes.

La secte était un environnement très sexualisé, dirigé par les hommes et pour les hommes. Mon père y trouvait son compte, je peux vous le dire. Je me souviens de lui, prêchant sur son trône en rotin. Des femmes — des filles — se tenaient à genoux devant lui et le contemplaient avec une expression rêveuse. Elles étaient littéralement béates d'adoration à ses pieds. Je me rappelle avoir regardé ces femmes agenouillées, puis mon père sur son trône, et avoir pensé : *Je ne serai jamais comme elles. Jamais.* Ça me dégoûtait. Mon père ne fut jamais aussi heureux qu'à cette époque. Les abus de pouvoir étaient inévitables, et il n'était pas le dernier à en profiter.

Un jour, mon père a dit à ma très jeune mère : « Saffron (c'était son nom dans la secte), je veux épouser cette autre femme. » Ben tiens. Pourquoi se priver ? J'ai souvent eu envie de remonter le temps pour aller foutre un coup de pied au cul à mon père. Cette fois-là, il ne l'aurait pas volé. Ma grand-mère maternelle, Sharon, venait de mourir dans des conditions tragiques. Et mon grand-père n'était plus de ce monde. Ma mère se retrouvait isolée dans cette secte, dans un pays étranger, avec une ribambelle d'enfants qu'elle avait été forcée de pondre, et maintenant ça ? Il y avait de quoi être brisée. Il a donc pris une deuxième femme sans qu'elle ait voix au chapitre. Raison pour laquelle mes quatre frères et sœurs cadets — deux pour chaque femme — sont si rapprochés.

Les Enfants de Dieu ont commencé à encourager les rapports sexuels entre adultes et enfants, une manière de « vivre selon les lois de l'amour », ce qui est monstrueux et criminel au-delà de tout ce qu'on peut imaginer. J'ai vu une gamine de onze ans forcée de s'asseoir à côté d'un homme nu dont la bite molle reposait contre la cuisse. Ils l'ont installée entre ses jambes, afin qu'il puisse lui « masser » le dos. J'ai vu ses larmes. Même à l'époque, je savais que rien de tout cela n'était « normal », si tant est que ce mot signifie quelque chose. Je ne crois pas vraiment au concept de normalité, mais je savais que c'était mal, qu'il fallait éviter ça à tout prix.

J'ai de la peine pour l'enfant que j'étais, qui en savait déjà autant sur la survie à l'âge de trois ou quatre ans. Je ne me sentais jamais en sécurité. Je vivais en permanence dans le stress et la peur qui ne relâchaient jamais son emprise sur la communauté. Très tôt, j'ai pris conscience du fait que les enfants ne figuraient pas en bonne place sur la liste des choses dont il faut s'occuper. Et quand vous êtes vous-même un enfant tout en bas de cette liste, ça craint.

Arriver à identifier un danger immédiat est devenu

pour moi une seconde nature. Dans ce contexte, c'était une nécessité. J'étais capable de trouver une arme dans une pièce à peine la porte franchie. Il me suffisait d'une seconde pour repérer ce que je pourrais utiliser pour causer le maximum de dégâts à un agresseur potentiel. Je percutais vite, et ça m'a sortie de bien des situations. J'ai toujours suivi mon intuition ; elle ne m'a jamais trompée. Quel dommage de ne pas l'avoir fait à Hollywood. Cela m'aurait épargné bien des peines. Cela aurait pu me sauver d'un traumatisme innommable.

En tout cas, ma débrouillardise et mon instinct de survie m'ont bien servi, à l'époque. Mon jeune âge, mes cheveux très courts ou peut-être le fait que je portais les vieux vêtements de mon frère m'ont mise à l'abri de ces agressions. La plupart du temps, je passais pour un garçon. Pourtant, certains garçons se faisaient serrer, eux aussi. Qui sait, c'est peut-être juste parce que j'étais une chieuse.

Ou peut-être que ce n'était qu'une question de temps avant que ça m'arrive. Mais, heureusement pour nous, la pédophilie était une ligne rouge que mon père ne voulait pas franchir. Alors, il a organisé notre évasion. On ne pouvait pas juste annoncer comme ça qu'on se tirait. Quand la secte apprenait qu'une famille prévoyait le coup, un enfant disparaissait mystérieusement, ou toute la famille était sévèrement punie, histoire de dissuader les autres.

Et donc, un soir, mon père nous a dit qu'un homme armé d'un marteau, un certain Bepo, nous cherchait. On nous a fait monter en vitesse dans une voiture qui nous attendait, et *go go go*.

Nous nous sommes d'abord réfugiés dans une petite ville de Toscane, Munano. On a vécu là dans une très ancienne maison en pierre où les bains se prenaient à l'eau bouillie dans une baignoire ronde en métal rouillé. On était des gosses hirsutes, vêtus de vieilles fringues hippies. J'avais l'habitude d'être entourée de beaucoup d'enfants, et j'ai trouvé ça bizarre de me retrouver d'un coup avec si peu de personnes. Avec ma famille, et non « La Famille[1] ».

Si mon père avait physiquement quitté les Enfants de Dieu, intellectuellement, il n'avait pas tout à fait coupé les ponts avec la secte. Il avait emmené sa deuxième femme, Esther. Tout ce que je sais de ma mère, c'est qu'il l'a laissée là-bas. J'ai grandi avec tellement de femmes autour de moi que je n'avais pas un attachement particulier à elle en tant qu'individu. Mais cette séparation n'en a pas moins déstabilisé un peu plus ma construction mentale.

C'est dans cette petite ville moyenâgeuse que je suis allée pour la première fois à l'école publique. C'était très perturbant. Dans la secte, on mettait n'importe quel vêtement récupéré auprès de nos aînés ou d'autres familles, pourvu que la taille corresponde. Moi qui portais les habits de mon grand frère, j'avais maintenant l'obligation d'enfiler tous les matins une blouse rose à boutons. Je préférais les blouses bleues, mais quand j'ai demandé à mon institutrice pourquoi je ne pouvais pas en avoir une, elle m'a répondu qu'étant une fille, je devais porter du rose. Le bleu, c'était pour les garçons. Je me rappelle avoir pensé : C'est la plus grosse connerie que j'aie jamais entendue. J'étais furieuse de devoir me distinguer de mon frère pour une raison si arbitraire. Je ne comprenais pas pourquoi je devais porter du rose. Je ne le comprends toujours pas.

La voisine, Antonella, me tricotait des sous-vêtements en laine jaune horriblement inconfortables. Gênants, mal fichus, il fallait les attacher pour qu'ils restent à peu près en place. J'étais et je suis toujours très allergique à la laine. Ces dessous me grattaient tellement que je les ai balancés dans un buisson sur le chemin de mon premier jour d'école systémite. Quand je suis sortie dans la cour

1. « La Famille » est l'un des nombreux noms adoptés par la secte après la dissolution officielle des « Enfants de Dieu » en 1978. Elle s'appelle aujourd'hui « La Famille Internationale ».

pour ma première récréation, j'étais très angoissée — je ne savais pas ce que j'étais censée faire. J'ignorais ce que signifiaient les différentes sonneries, quelles étaient les règles. Ce jour-là, les filles jouaient à la version italienne de « Dansons la capucine » : *Amore, tesoro, salsiccia, pomodoro !* Après *pomodoro*, elles se mettaient par terre, sur le dos, et levaient les jambes en l'air. Une fille est venue vers moi pour m'inviter à jouer. Songeant à ce qui était arrivé à ma culotte, je me suis figée, en tirant vers le bas ma stupide blouse rose. La fille s'est encore approchée et a insisté. J'ai secoué la tête sans rien dire, collée au mur et raide comme un piquet. J'ai encore essayé de descendre ma blouse, au cas où elle essaierait de m'entraîner de force dans leur jeu. La fille m'a regardée comme si j'étais folle. Je n'avais toujours pas prononcé un mot. C'était ma première interaction avec un enfant hors de la secte, je ne savais pas comment lui parler. Donc, je n'ai rien dit.

À partir de ce moment-là, elle et les autres filles m'ont évitée et traitée de snob. Je ne leur jette pas la pierre. Toujours est-il que cet échange a donné le ton pour le reste de mon parcours scolaire en dents de scie, et de ma vie tout entière. Ma différence leur sautait aux yeux. Elle *me* sautait aux yeux. Ce n'était pas une impression, mais un fait. Je ne m'intégrais pas. Je ne me liais pas du tout aux autres enfants. Ils utilisaient un langage que je ne comprenais pas, que je ne pouvais pas comprendre. Je ne me reconnaissais pas dans leurs préoccupations. La mienne, c'était de survivre. Quand on vit des choses aussi terribles, c'est très dur de s'intéresser au reste. Dans mon corps d'enfant, j'avais l'impression d'avoir huit cents ans, d'être étrangère à ces schémas sociétaux traditionnels.

Sur le chemin de l'école, j'enterrais des insectes. J'avais le chic pour trouver des bestioles à l'agonie. J'arrivais à l'école les yeux bouffis des larmes versées sur les funérailles de ces petits êtres. Je dégageais quelque chose d'intense qui faisait flipper tout le monde. Sur ce point, je n'ai pas vraiment changé. Je voyais derrière le voile des apparences toute la poussière que les gens cachent sous le tapis pour mieux se mentir à eux-mêmes. Cela mettait mon père très mal à l'aise. Comme je le disais, il avait peut-être quitté les Enfants de Dieu, mais le besoin d'être un demi-dieu ne l'avait jamais abandonné. Il se retrouvait soudain comme un gourou sans ouailles, attendant des femmes et des enfants autour de lui qu'ils le vénèrent, ce que je n'ai jamais fait. Cela devait être perturbant pour lui d'avoir quelqu'un dans son entourage qui voyait clair dans le tissu de mensonges qu'était sa vie.

Comble de l'ironie, après tout ce par quoi il m'avait fait passer, mon père voulait que je me comporte comme une enfant normale. Il ne voyait pas que c'était précisément à cause de lui que j'en étais incapable ? Quand on fait peser une telle charge sur les épaules d'une enfant, il ne faut pas s'étonner qu'elle ne puisse pas jouer à la poupée comme une bonne petite fille. Si j'en avais eu une, je la lui aurais probablement jetée au visage.

Rétrospectivement, je comprends pourquoi mon père avait choisi de mener une existence différente. C'était en réaction à son éducation. Ça, et une tournure d'esprit un peu spéciale. Son père, James Robert McGowan, était un bon patriote américain, un militaire pur jus. Il était complexe, alcoolique et dur. Papy Jim avait cinq enfants de moins de huit ans quand il est parti faire la guerre en Corée. Sa femme, Nora, une beauté du Québec à l'esprit fragile, est restée seule avec eux durant tout le temps de son engagement. Quand Mamie Nora a découvert que Papy Jim s'était dégotté une petite Coréenne, ses problèmes psychiatriques se sont aggravés. C'est en tout cas ce que mon père m'a raconté. La marine l'a envoyée chez un psy de l'armée, qui lui a fait subir une thérapie par électrochocs non consentie. Ce genre de traitement n'en était qu'à ses balbutiements, et Mamie Nora faisait un cobaye idéal.

À cette époque, le chaos régnait dans le foyer où grandissait mon père. Lui et ses frères et sœurs portaient à tour de rôle leur unique paire de chaussures. Seul celui qui les avait aux pieds pouvait aller à l'école et avoir un repas chaud. Ça me fend le cœur de les imaginer présenter à l'épicier de faux mots de leurs « parents », rédigés dans une écriture enfantine, pour acheter du pain à crédit. Une nuit, des types sont entrés et ont mis la maison à sac. Les enfants s'étaient cachés dans le réfrigérateur.

J'aimerais dire que je suis incapable de me figurer la terreur qu'ils ont ressentie durant cette période, mais ce serait faux. Je sais parfaitement à quoi ressemblent l'instabilité, la faim, la maladie mentale et ses conséquences. Ce sont de vieilles amies à moi — ma famille, si on veut.

Je comprendrais plus tard que mon père souffrait très probablement de psychose maniaco-dépressive. Les phases maniaques étaient magiques, brillantes, drôles, sauvages ; je garde l'image de mon père, plié de rire en faisant déraper la voiture dans des virages de montagne. Les phases dépressives étaient violentes, abominables. Plus sa vie devenait difficile, plus les phases dépressives prenaient le dessus. Il était tombé dans l'héroïne au tournant des années 1970, à Venice, en Californie. Je pense que c'est là qu'il a rencontré les Enfants de Dieu, et que c'est comme ça qu'il a décroché. Jésus était devenu sa nouvelle drogue. Il se prenait pour une rock star, et la religion était son instrument.

S'il s'était fait aider plus tôt dans sa vie, mon père aurait sans doute pu sauver sa relation avec moi, avec mes frères et sœurs, avec l'art, avec le monde, avec les femmes, avec tout, je crois. Tout comme ma mère. Avec sa peau blanche, ses longs cheveux blond vénitien et ses yeux bleus, c'était un aimant à mauvais garçons. Et les mauvais garçons deviennent de mauvais hommes. Elle s'est sauvée de chez elle à quinze ans. À dix-huit, elle rencontrait mon père, Daniel. À dix-neuf, elle était enceinte et membre d'une secte.

Lorsque ma mère était enceinte de moi, sa propre mère, Sharon, a fait une chute fatale durant l'ascension des Three Sisters, dans l'Oregon. Elle avait trente-sept ans. On m'a dit que je serais triste toute ma vie, car ma mère l'avait été pendant sa grossesse. Des années durant, j'ai cru que mon mal-être venait de là, avant de comprendre qu'il fallait plutôt l'imputer à la chimie de mon cerveau.

Sharon, avec ses cheveux flamboyants et ses yeux verts, s'était elle aussi mal mariée. J'ai oublié le nom de mon grand-père, son mari. Je suppose que je pourrais le retrouver, mais sincèrement, je m'en fous. Les mœurs de l'époque étant ce qu'elles étaient, une chape de plomb empêchait tout acte de rébellion. Les derniers soupirs de l'ère Kennedy et ce qu'on exigeait des femmes en matière de courtoisie et de perfection m'ont toujours fascinée, en un sens. Les femmes de cette époque étaient obligées d'étouffer leur rage en permanence, sans savoir que tout changerait quelques années plus tard. Je n'ose pas imaginer ce que j'aurais vécu à leur place, sachant que, quelque cinquante ans plus tard, j'ai moi-même été contrainte de garder ma colère pour moi.

Ma mère m'impressionne beaucoup. Je crois sincèrement que c'est l'une des personnes les plus intelligentes que j'aie rencontrées. Son cerveau tourne à une vitesse hallucinante, comme un moteur de Ferrari. C'était, c'est toujours une femme magnifique et très tourmentée. Peut-être que c'est ce qu'elle m'a légué, en plus d'un intellect agile.

Mais je remercie aussi ma famille pour tous les autres traits de caractère dont j'ai hérité. Un esprit punk, dissident. Un humour vif et corrosif, de la curiosité, l'amour de l'histoire, l'amour des mots. L'une des meilleures choses que ma mère et mon père m'aient transmises, c'est la capacité à voir de l'art partout. Je rêverais d'être tétrachromate, d'arriver à discerner plus d'un million de couleurs. Je découvre des formes et des motifs dans tout. Je suis toujours surprise quand des gens qui ont grandi dans un cadre plus traditionnel sont incapables de voir, *de vraiment voir*, tout ce qui autour d'eux s'apparente à de l'art. À mes yeux, c'est l'essence même de la vie. Et c'est ce qui m'a aidée à survivre.

Malgré tous les problèmes que j'ai connus enfant, je me trouve chanceuse d'avoir grandi avec une sensibilité européenne. On avait l'Italie et son histoire, son architecture et son art. Je crois que l'Europe et les cultures anciennes évoluent à un autre rythme et dans un autre temps. Je trouve le système, en tout cas celui que je connais le mieux, le système américain, déterminé à écraser les libres penseurs et ceux qu'il étiquette comme « différents ». Je suis là pour vous dire qu'être « différent », c'est la clé.

Quand je parle de mon enfance, les gens sont souvent navrés pour moi. C'est gentil, mais je leur réponds que c'est moi qui suis navrée pour eux et la façon dont ils vivent. Grandir dans un cadre encensé par la société me semble franchement tout aussi dangereux. C'est une autre forme de secte, celle du courant dominant. J'ai connu des gens bien cramés qui ont passé leur enfance dans ce moule. Au moins, dans ma famille, les choses étaient claires. L'un des grands bénéfices de mon enfance nomade, puis de ma vie d'adulte, c'est qu'elle me mettait en contact avec des gens qui pensaient différemment. J'ai appris à voir le monde selon des perspectives variées. Voilà quelque chose dont je suis plutôt reconnaissante.

J'ai aussi hérité d'une caractéristique dominante dans les

gènes familiaux : le besoin irrépressible de s'autodétruire pour mieux renaître. Comme le phénix qui se relève quand son existence a été réduite en cendres. Ma vie l'a été de nombreuses fois, plus que je ne peux en compter. Mais toutes ces cendres ont accouché d'une putain de bête sauvage.

Je sais que je ne suis pas la seule à avoir connu ça. Beaucoup d'entre nous possèdent cette capacité surnaturelle à se relever quand ils n'ont pas d'autre choix. C'est quelque chose qui me fascine dans la psyché humaine. Cela demande un courage incroyable, et ceux qui y parviennent ne s'en rendent pas forcément compte. Combien de fois nous a-t-on dit que nous n'étions rien ? Mais nous ne sommes pas rien. Nous sommes des phénix et nous renaissons de nos cendres. Tout ce qu'il faut, c'est du courage. Reprendre sa vie en main est l'acte le plus courageux que l'on puisse accomplir. Un pas après l'autre, marcher d'abord, courir ensuite.

Je le répète, les sectes sont partout. Pas besoin d'avoir un gourou aux cheveux hirsutes. Bien sûr, les Enfants de Dieu ont dépassé toutes les limites quand ils ont commencé à promouvoir la pédophilie et la prostitution, en considérant les femmes et les enfants comme des marchandises qu'ils possédaient. Mais, si l'on y réfléchit bien, cette mentalité n'est pas très différente de ce que j'ai pu observer à Hollywood et dans le reste du monde. Au moins, avec les Enfants de Dieu, je savais ce que je fuyais. Hollywood et la propagande des médias sont encore plus perverses.

Il me reste des bribes de souvenirs de la nuit où nous nous sommes échappés de la communauté. Comme dans un film, elles me reviennent par flashs. Je me rappelle avoir demandé à mon père où se trouvait ma mère. Pas de réponse. Je me revois courir en tenant la main de mon père. Les plants qui ressemblaient à du maïs et dont les tiges fouettaient mon petit visage. Les éclairs, le tonnerre et la pluie qui faisaient rage dans la nuit. Parfois, dans les films, la pluie sert à accentuer la tension dramatique. Eh bien, la tension était bien là. Il pleuvait des cordes.

Ironie du sort, après l'Italie, mon père m'a envoyée vivre sur la côte nord-ouest des États-Unis. Il y pleut sans arrêt.

AMERICAN GIRL

C'est dans les toilettes de l'avion qui m'emmenait en Amérique que je me souviens de m'être vraiment regardée pour la première fois dans un miroir. Je ne connaissais pas réellement le visage qu'il me montrait, et auquel je n'étais pas spécialement attachée. Je ne savais pas qu'une fois l'avion posé, j'arriverais dans un pays où l'on disait aux filles : *Voilà ce que tu ne peux pas faire, voilà pourquoi tu es différente et voilà pourquoi tu vas te faire baiser.* Un joli uniforme scolaire rose pour l'esprit. Le premier endroit où l'on m'a envoyée, c'était une base navale de province. Je quittais Florence pour Gig Harbor, dans l'État de Washington. Ou, pour le dire autrement, je quittais le berceau de la civilisation occidentale pour un pays de péquenauds conduisant des pick-up surélevés aux roues surdimensionnées. L'Amérique était terrifiante. Bruyante. Discordante. J'ai détesté la nourriture, tout de suite. J'ai détesté l'agressivité des gens. Mon frère et moi sommes arrivés avant mon père, qui nous avait envoyés vivre chez la mère de sa femme, encore une adulte que je ne connaissais pas et à laquelle j'étais censée m'attacher. C'était une grande brune avec un gros rire guttural, qui fumait beaucoup. Elle *adorait* l'Amérique. Elle en parlait beaucoup. À cause d'elle, j'ai passé ma première nuit aux États-Unis à redouter qu'un ours vienne me manger. La seule chose qu'elle savait préparer, c'étaient les tomates bouillies. La cuisine italienne me manquait tellement que j'en pleurais.

On m'a emmenée chez *Denny's*, un restaurant franchisé qui proposait le pire de la cuisine américaine. Ils avaient un grand menu avec des photos. J'étais si excitée d'y voir des spaghettis que j'ai commencé à jacasser en italien en m'agitant dans tous les sens. On m'a servi une espèce de bouillie gélatineuse, et ça m'a calmée. Quand j'ai planté ma fourchette dedans, j'ai pu constater que ça n'avait pas grand-chose à voir avec des pâtes. C'était une masse compacte qui nageait dans un lac d'eau tiédasse. Je me suis mise à pleurer. Ma vie allait complètement changer. J'avais débarqué au pays des Tater Tots[1] et du Cheez Whiz[2], sans retour possible. Putain.

Tout était différent. Pas seulement la nourriture, mais aussi le paysage, les arbres, les sons. Il n'arrêtait jamais de pleuvoir. Les voitures étaient énormes et bruyantes. Les gens étaient énormes et bruyants. Je n'avais jamais vu de maisons en bois : en Italie, elles sont en pierre. Je n'avais jamais côtoyé d'Américains. Jamais entendu de musique sortir de haut-parleurs. Mon frère et moi nous blottissions l'un contre l'autre chaque fois qu'une annonce tonitruait dans le supermarché. On n'avait jamais vu d'enseignes au néon. Ni de fromage orange.

Chère Amérique, pourquoi ton fromage est-il orange ? Qui s'est dit un jour : « Et si on donnait au fromage cette nuance artificielle ? » C'est complètement arbitraire. Avec mon frère, ça nous faisait marrer. On ricanait en le montrant du doigt. Mais les dindons de la farce, c'étaient nous. Nous qui étions coincés ici.

Lors de mon premier jour d'école, on m'a demandé

1. Croquettes de pommes de terre servies en accompagnement.

2. Pâte à tartiner à base de « fromage » fondu.

de venir au tableau réciter le Serment d'allégeance au drapeau des États-Unis. Je ne savais pas ce que c'était. Je comprenais l'anglais — mais je refusais de le parler. La professeure a dit : « Voilà qui chassera les communistes en elle. » Je me suis tournée vers elle et n'ai prononcé qu'un seul mot : « *Fascistas.* » Les Italiens étaient fascistes durant la guerre, crétine, pas communistes.

En tout cas, le message était clair : *Nous devons écraser ta différence.*

L'idée que l'Amérique glorifie l'individualité est un mythe tenace. Croyez-moi, si vous vous distinguez réellement des autres, vous serez persécuté. La vision du monde et de l'histoire dont on vous gave à l'école n'est rien d'autre que la propagande officielle. De la merde en barre. Comme ça, quand vous obtenez votre diplôme, vous chantez tous en chœur : « Vive l'Amérique ! L'homme blanc est numéro un ! » Pourquoi ? Pourquoi prétendre une chose pareille ? Si vous regardez bien les statistiques, l'Amérique n'est plus première en rien, sinon peut-être sur l'obésité, le nombre de décès par armes à feu, la peine de mort et le taux d'incarcération. Oh ! et bien sûr la puissance militaire, ainsi que notre autre grosse exportation : le cinéma et la télévision.

Quand vous dites ça, les réacs ne manquent jamais de pointer la médiocrité des autres pays, et pourquoi n'iriez-vous pas vivre ailleurs si c'est tellement mieux, *et cætera*, *et cætera*. Pourquoi ne pas essayer de nous améliorer ? Pourquoi devrions-nous continuer de nous sentir supérieurs au seul motif qu'il existe des endroits pires que celui-ci ? C'est une logique complètement faussée. Il suffirait de penser différemment pour être meilleurs. Croire que votre différence doit être expurgée est une MAUVAISE approche. Croire que vous devez être comme les autres pour le confort du plus grand nombre, parce que Dieu proscrit l'hétérogénéité, est aussi une MAUVAISE approche. Dites merde à ces façons de penser. Ne courbez pas l'échine pour que les autres se sentent plus grands.

Quand je suis arrivée à l'école, on m'a dit : « Arrête de lire ceci, les filles doivent lire cela. » « Arrête de faire ça, ce n'est pas pour les filles. » Presque tous les adultes que j'ai rencontrés se consacraient à leur quête de la banalité. Nos voisins ne s'intéressaient absolument pas à d'autres modes de vie ou de pensée. Plutôt que d'élargir leur horizon, ils préféraient écraser tout ce qui n'était pas comme eux. Mon père et sa bizarrerie me manquaient. J'avais besoin d'un antidote, et vite.

Au bout de quelques mois, mon frère et moi avons été envoyés retrouver notre père dans un État appelé le Colorado, un des plus beaux endroits sur terre. On vivait dans une petite maison en bois au sein d'une communauté majoritairement hippie installée au pied d'une montagne majestueuse, dans la ville d'Evergreen. J'adorais le Colorado, même si la nourriture américaine me posait toujours problème. Peu de temps après notre arrivée, ma belle-mère nous a rejoints, et la vie est devenue plutôt agréable. Je m'y suis adaptée plus facilement dans cet environnement ouvert qu'à la base navale. J'en suis venue à aimer le Colorado, même si je ne comprenais pas la plupart des codes de mes camarades de classe. Au moins, les professeurs me traitaient bien, ce qui était une nette amélioration.

C'est à cette époque que j'ai trouvé un livre sur la projection astrale, une pratique consistant à quitter son corps et à voyager par l'esprit. Étendue sur mon lit, je m'efforçais de mon mieux de rejoindre le plan astral pour localiser ma mère.

Elle se trouvait toujours en Italie, mais ce que je ne savais pas, c'est qu'elle se préparait à revenir aux États-Unis, en

Oregon précisément. Plus tard, je découvrirais que mon père l'avait laissée là-bas pour qu'elle puisse s'enfuir de la communauté des Enfants de Dieu par elle-même. Ses seules parentes vivantes étaient sa sœur et sa grand-mère Vera. Cette dernière lui avait envoyé de l'argent pour qu'elle rentre à la maison, où elle pourrait l'aider à recommencer sa vie dans un cadre normal.

Un jour, on m'a dit que j'allais partir pour l'Oregon le soir même pour rejoindre ma mère. L'excitation est rapidement retombée quand j'ai compris que l'Oregon allait beaucoup moins me plaire que le Colorado.

Avec le recul, je dois dire que ma mère m'impressionne énormément ; elle a réussi à revenir d'Italie, à élever six enfants sans un sou, ayant parfois recours aux bons alimentaires pour survivre, pendant que mon père se la coulait douce avec sa nouvelle femme. Et ce n'est pas comme si elle avait voulu ces six enfants. Il me semble que sa vie ne lui plaisait pas. Même aujourd'hui, elle n'aime pas que je parle de la secte, mais à mes yeux elle ne devrait pas en avoir honte, car c'est simplement un chemin qu'elle a emprunté pendant un moment. Et puis c'était l'idée de mon père, j'en suis persuadée.

Quand ma mère a atterri en Amérique, sa grand-mère l'a aidée à obtenir un logement social. Elle s'est retrouvée dans une maison plutôt rudimentaire, comparée au bel endroit où j'habitais avec mon père, mais j'étais très heureuse d'être enfin avec elle et avec mes frères et sœurs.

Malheureusement, en tant que fille aînée, je me suis bien fait entuber. À dix ans, je suis devenue maman *bis*. C'est difficile d'élever une bande de gamins surexcités, surtout quand on est soi-même une enfant. Je n'avais aucune envie d'être une mère de substitution, je n'étais pas faite pour ça. Ça me mettait sur les nerfs de ne pas pouvoir laisser vagabonder mon imagination. J'avais besoin de calme. Je n'avais pas envie de faire la police, je voulais sortir observer les nuages. Ma façon de gérer les gosses n'était pas des plus classieuses, pour dire les choses poliment. La tournure qu'avait prise ma vie et, plus encore, le fait de n'avoir aucun contrôle sur elle me rendaient de plus en plus furieuse. Je savais que je devais aider ma mère, et je le faisais, mais ça ne me plaisait pas.

C'est en Oregon que j'ai appris la valeur d'un dollar. J'ai découvert ce que ça faisait de jouer des coudes dans la file de distribution de nourriture gratuite de l'église et d'en repartir, embarrassée, avec un gros morceau de fromage orange. Le gardien de l'école, ce sadique, prenait un malin plaisir à beugler dans le haut-parleur les noms des enfants qui devaient venir chercher leurs tickets-repas gratuits sous les quolibets des autres élèves. Classisme de base. Je détestais ces tickets-repas — et la nourriture dégueulasse —, du coup je les revendais au marché noir pour me faire un peu d'argent. J'ai toujours eu l'esprit d'entreprise.

Les choses tenaient à peu près la route en Oregon, mais la vie était dure. Et puis j'ai rencontré un type, Lawrence. Il habitait dans la même rue que nous et m'avait surprise un jour que je passais sous sa clôture pour donner du pain et de l'eau à son chien. L'animal était attaché par une chaîne à un arbre. Son collier était si enfoncé dans la peau de son cou que la plaie suppurante avait attiré des asticots. C'était un chien gravement maltraité, ce qui aurait dû me mettre la puce à l'oreille quant au caractère de Lawrence. Quand il m'a chopée à nourrir son clébard, il m'a jetée hors de son jardin par les bretelles de ma salopette. J'ai atterri sur le cul. Je l'ai haï instantanément. Deux semaines plus tard, en rentrant de l'école, qui ai-je trouvé assis dans le fauteuil du salon, avec son ventre proéminent et sa cour de sujets soumis autour de lui ? Bingo. Quand j'ai franchi la porte, il m'a lancé un regard sadique. Je me suis figée. Il a dit : « Salut, Rose ! Tu peux m'appeler papa. » Je me souviens d'avoir crié « Non ! » et d'être sortie en courant dans le champ derrière la maison pour me cacher. Peu après, il a emménagé chez nous avec ses deux filles, Autumn et Mary, et son fils, Larry (Junior)[1]. Lawrence Senior se montrait charmant, au début. Mais ça ne prenait pas avec moi. Je savais comment il traitait son chien. Et je savais quel genre d'enfer il allait nous faire vivre. Il était foncièrement mauvais, et il était en train d'enfumer ma mère. J'ai désespérément essayé de le lui dire, mais elle ne voulait ou ne pouvait pas m'écouter. Elle avait beau s'être enfuie des Enfants de Dieu et de sa structure patriarcale, le matraquage sociétal affirmant que seul un homme pourrait la sauver était trop profondément enraciné en elle pour qu'elle puisse voir la vérité. Et puis elle devait se sentir très seule. Elle était trop occupée avec les enfants et son travail pour avoir des amies.

C'est en entrant par hasard dans la chambre de ma mère et de Lawrence que j'ai vu un acte sexuel pour la première fois. J'étais encore en train d'essayer de comprendre ce qui se passait, quand j'ai reçu une chaussure dans la figure. Ma première rencontre avec le sexe. Une pompe dans la tronche.

Il s'est avéré que mon effrayant nouveau faux père agressait sexuellement sa fille Mary. On l'a su des années plus tard, quand elle a courageusement porté plainte. J'ai toujours senti que quelque chose clochait sérieusement. Mary, qui avait dans les quatorze ans à l'époque, et moi-même étions forcées de prendre notre bain ensemble, sous les yeux de Lawrence. C'était pénible, vu que je ne la connaissais pas depuis longtemps. Je savais que ce n'était pas normal, et j'essayais de me cacher comme je pouvais. Elle aussi.

Apparemment, Lawrence préférait les blondes. Dieu

1. Larry étant le diminutif de Lawrence.

merci, j'avais les cheveux bruns. Mais je l'ai vu reluquer ma petite sœur Daisy, qui n'avait pas cette chance. Parfois, quand elle passait dans le couloir, je le voyais se lever et commencer à la suivre. Je me mettais alors en travers de son chemin et je me retrouvais nez à nez avec lui. Bon, nez à ventre, en réalité, étant donné ma taille à dix ans. Une fois, je lui ai même balancé un crachat qui a atterri pile sur sa bouche. Plutôt crever que de le laisser faire quoi que ce soit à Daisy. Avoir réussi à la protéger de lui est une des choses dont je suis le plus fière.

Mais il y avait une limite à ce que je pouvais faire pour assurer la sécurité de mes frères et sœurs durant cette période. J'ai fait de mon mieux. Mon plus jeune frère, Robby, trois ans et demi, était un amour. Il jouait avec son tricycle dans la rue devant chez nous. Pour une raison ou pour une autre, ça a énervé Lawrence. Il est sorti, a arraché une tige de rosier, a ramené mon petit frère à l'intérieur et l'a battu jusqu'à ce que son dos et ses fesses ne soient plus qu'une plaie sanglante. Mais il avait d'abord demandé à son fils et à sa fille de m'attraper à l'extérieur et de me forcer à regarder par la fenêtre ce qu'il lui faisait. Je n'ai jamais haï quelqu'un davantage.

Lawrence savait très bien comment me faire péter les plombs. Il savait que je détestais le mot *nègre*, et il se mettait devant moi et le répétait *ad nauseam* jusqu'à ce que je ne puisse plus retenir un geste violent. Ce qui lui fournissait une excellente excuse pour me battre avec sa boucle de ceinture. Quand je vois aujourd'hui des gamins de dix ans, je me dis *Dieu qu'ils sont petits. Dieu que j'étais petite.*

Lawrence écoutait nos coups de fil hebdomadaires avec mon père, histoire d'être sûr qu'on ne caftait pas. Il surveillait aussi la boîte aux lettres, pour qu'on ne puisse pas demander de l'aide par courrier. Que ce moins que rien exerce un tel contrôle, ait un tel pouvoir sur ma vie, me rendait folle. Les passages à tabac étaient une chose, mais sa torture préférée, celle pour laquelle je le vomissais le plus, était de me réduire au silence. Une fois, il m'a interdit de parler pendant un mois. Pas un mot ne m'était permis. Je me sentais comme violée. On m'a pris ma voix de nombreuses fois depuis, mais jamais aussi littéralement qu'à cette époque. Je ne me rappelle plus ce que j'avais fait pour mériter un tel traitement ; me connaissant, j'avais dû répondre une fois de trop. Au dîner, je cherchais les yeux de ma mère et je la suppliais silencieusement d'intervenir, en vain. Faire entendre sa voix est un droit humain fondamental, et cette indignité est devenue quelque chose de récurrent dans ma vie.

Après quelque temps, ma mère a essayé de rompre avec lui plusieurs fois. Elle disait que c'était fini, qu'il était parti pour de bon, je commençais à espérer, et puis il revenait. Un soir, il est passé devant la maison dans son pick-up avec un fusil et en menaçant de tuer ma mère. Cachée dans un coin, je criais à ma mère : « Il arrive de la gauche, il vient par la droite, cours vers la droite ! » Après ça, elle a définitivement rompu avec lui. Les relations violentes, c'est très grave. On ne s'en sort pas si facilement, mais elle l'a fait.

Plus tard, ma mère a découvert qu'il avait fait des choses horribles à toutes les femmes avec qui il avait vécu avant et après elle. Il s'était tiré de toutes les poursuites, en jouant le jeu du système. Même les accusations d'agression sexuelle glissaient sur lui. Les flics l'adoraient. Il s'en tirait chaque fois. Il a fini par kidnapper la petite amie de son fils et par la violer à l'arrière de son pick-up en la menaçant d'un fusil, et ce, dans trois États différents. On l'a finalement arrêté et envoyé en prison. J'espère qu'il est mort. J'espère qu'on lui a transpercé le cœur avec un pieu.

Je pense à tous ces enfants qui sont violentés, et que

personne n'aide. Ça engendre encore plus de violence. Je ne sais pas où sont les enfants de Lawrence aujourd'hui. Pauvre Mary. J'espère qu'elle est toujours en vie et qu'elle va bien. J'espère qu'elle, son frère et sa sœur n'ont pas été totalement détruits par leur père.

Enfant, je me souviens de m'être dit : *Comment les femmes peuvent-elles être si naïves ? Elles ignorent la réalité et ne croient que ce qu'elles ont envie de croire.* Je pense que les femmes en général, et ma mère en particulier, gobaient ces salades ; elles étaient persuadées que seul un homme pouvait les sauver. Je ne suis pas sûre que les choses aient changé, même aujourd'hui. On nous vend toujours la même histoire. J'ai dû revoir mon jugement de petite fille quand je me suis moi-même retrouvée victime d'une relation violente.

Nous devons nous demander pourquoi tant d'entre nous croient qu'un homme va nous sauver. Les preuves de tels sauvetages ne courent pas les rues. Je n'ai pas vu beaucoup de types garer leur cheval blanc devant chez des femmes seules. En réalité, j'ai surtout vu des femmes monter leur propre cheval. Nous nous faisons tellement enfumer par le patriarcat que nous ne remarquons même pas que nous nous sauvons nous-mêmes. Le cheval blanc est en nous, et nous ne devons rien attendre des autres.

Malgré ces expériences précoces avec des hommes qui se sont comportés comme des bêtes horribles, je gardais gravée en moi l'idée qu'un mâle puissant allait venir me rendre la vie plus douce. Ils ne font en général que la compliquer. Même si mon esprit rationnel savait que c'était faux, j'ai toujours eu le sentiment profond d'être mauvaise, et que les hommes, d'une certaine manière, m'étaient supérieurs. J'étais mauvaise parce que tentante. J'étais mauvaise car je suscitais le désir. Lawrence était un psychopathe, probablement le premier vrai psychopathe que j'aie rencontré. J'en croiserais d'autres dans ma vie, mais c'est lui qui a façonné le moule. Ma relation avec mon père et ma relation avec Lawrence ont influencé ma relation aux hommes tout le reste de ma vie.

INTELLECTUELLE EN CAVALE

Tout le monde croit que l'Oregon est bourré de hippies en mode *peace n' love*. Les gens qui m'entouraient n'avaient rien à voir avec ça. Ils conduisaient des pick-up énormes, de vrais monstres, avec un râtelier d'armes à feu sur le pare-brise arrière. Des biches mortes pendaient la tête en bas devant presque tous les garages, le sang s'écoulant dans un seau. Parmi tous les endroits où j'ai vécu, je n'ai jamais revu une telle joie vicieuse. Je sais que d'autres n'ont pas la même expérience que moi, et tant mieux pour eux, mais je parle de ce que j'ai connu.

Là-bas, les gens réagissaient violemment à ma présence. Ils changeaient de trottoir pour venir me dire que j'étais étrange et laide. Je me souviens d'une femme au supermarché — la trentaine, une adulte —, qui avait tiré sur le bras de sa fille d'un coup sec quand je lui avais souri, en me traitant de tarée. Sa fille s'était mise à pleurer. Qu'est-ce qu'ils pouvaient bien trouver de si horrible en moi ? Je suis allée aux toilettes, je me suis regardée dans le miroir. Mes yeux étaient normaux, mon nez aussi ; je ne comprenais pas ce qui les choquait. J'avais les cheveux courts, mais depuis quand est-ce que c'était un problème ?

Un jour où je me promenais dans Santa Clara, une banlieue d'Eugene, j'ai entendu s'approcher de la musique rock vraiment atroce et le vrombissement d'un pot d'échappement. J'avais onze ans, mais je savais que cette combinaison était synonyme d'ennuis, et je ne me suis pas trompée. « Tarée ! » a crié le type au volant. Je l'ai ignoré. Immédiatement après, j'ai senti quelque chose me percuter et un liquide marron m'a trempée de la tête aux pieds. La voiture a disparu dans un nuage de fumée. Je me suis frotté les yeux pour découvrir une bouteille de Pepsi grand format dont le haut avait été coupé. Puis j'ai remarqué l'odeur. La bouteille était le récipient dans lequel le conducteur crachait sa chique. C'était comme dans le film *Carrie*, quand elle est couverte de sang, sauf que moi, j'étais couverte de nicotine, de salive et de vieux soda. Je n'ai pas pleuré, je me suis bornée à soupirer et à rentrer chez moi pour me laver au tuyau d'arrosage. L'odeur de jus de chique m'a collé à la peau pendant une semaine. Chaque fois qu'un courant d'air la portait à mon nez, je sentais la haine.

Mes parents ont décidé que j'allais retourner vivre à Evergreen, dans le Colorado, avec mon père. Mon frère et moi faisions souvent des allers-retours, dans la mesure où aucun mode de garde n'avait été fixé une fois pour toutes. C'était une dichotomie perturbante. Je quittais l'Oregon, où l'on me traitait de monstre, pour Evergreen, où ma beauté me valait un certain succès. Ça me laissait perplexe. En me regardant dans le miroir, je voyais les mêmes yeux, le même nez, la même bouche. Je me demandais pourquoi dans un État on me jetait des choses à la figure, et pourquoi dans l'autre on m'auréolait d'une popularité instantanée. J'y ai beaucoup réfléchi et j'en suis venue à la conclusion que les réactions des autres êtres humains n'avaient aucune utilité pour moi. En définitive, mieux valait ne pas tenir compte de ce que les autres pensaient de moi. Plus tard, quand je suis devenue célèbre, cette déduction a probablement sauvé ma santé mentale.

Le soir même de mon arrivée à Evergreen, mon père m'a retourné le cerveau. Quand je lui ai raconté ce qui s'était passé avec Lawrence, il m'a simplement dit : « Eh bien, tu as fait une erreur. Tu aurais dû m'envoyer une lettre de l'école. » L'idée ne m'était jamais venue à l'esprit. Cela a mis un terme à la conversation. J'étais, d'une certaine façon, responsable de tout ce qui nous était arrivé.

Les deux facettes de mon père devinrent de plus en plus marquées. L'une était toujours aussi magique. Tout pouvait être drôle avec lui, simplement à cause de la façon dont il interagissait avec le monde. Il avait un rire de hyène enragée, qui repartait de plus belle chaque fois qu'on croyait qu'il allait s'arrêter, entraînant immanquablement le rire des autres. Je l'entends encore aujourd'hui. Mais, à cette époque, la facette sombre a commencé à apparaître plus régulièrement. En grandissant, les filles de la famille — y compris sa femme — ne lui vouaient plus une adoration sans bornes, et ça le mettait dans une colère noire. Il était sujet à des accès de rage et se montrait de plus en plus cruel. Au bout du compte, j'ai dû retourner en Oregon chez ma mère.

Quelques années plus tard, j'intégrai le collège Madison Junior High, le pire des établissements que j'aie fréquentés au cours de mon parcours scolaire chaotique. En quatrième, je suis allée à ma première et dernière soirée. Ça se passait dans un squat, un immeuble marron à l'éclairage et aux décorations pourris. Je rasais les murs, en périphérie de la foule, quand j'ai entendu une voix râpeuse lancer : « Héééé. Tu veux halluciner ? »

Je connaissais le mec, Jack Fufrone Jr. On était ensemble en cours d'éducation sexuelle et on venait juste d'apprendre ce qu'étaient les trompes de Fallope. Il portait un mulet bouclé et huilé étrangement hypnotisant, et une moustache un peu clairsemée, comme pas mal de jeunes rednecks. Mon dealer avait redoublé, et pas qu'une fois.

Fufrone Jr a déchiré un petit bout de papier et m'a dit de le laisser fondre sous ma langue. Je ne connaissais pas l'acide, mais j'étais partante pour une nouvelle aventure. J'ai regardé Fufrone, et j'ai pris le reste du carré. Quelques minutes plus tard, j'entendais la musique qui pulsait contre les murs de la salle de jeux, comme démultipliée. Je suis sortie faire un tour. Les arbres respiraient. Mon cerveau était en feu.

Vers la fin de la soirée, mon amie Linda m'a raccompagnée chez moi et m'a laissée sur la pelouse devant la maison, où je suis restée étendue à triper en regardant les arbres, des épines de pin plein les cheveux. Ma mère est sortie, m'a tirée à l'intérieur et m'a installée sur le canapé. Furieuse, elle a commencé son interrogatoire : « Qu'est-ce qui se passe ? Tu es stone ? » Je ne savais même pas ce que ça voulait dire. « Bourrée ? Défoncée ? » Elle n'arrêtait pas de me gonfler, avec ses questions, et tout ce que je voulais, c'était sentir ce que je ressentais, voir ce que je voyais, sans ces interruptions vulgaires.

Et comme l'acide m'avait rendue muette, j'ai dû mobiliser toutes mes forces pour parvenir à sortir péniblement quatre mots : « Va… te… faire… foutre… » On aurait dit qu'une bombe silencieuse venait d'exploser. Je n'avais jamais insulté ma mère. Grosse erreur de calcul.

À cette époque, il y avait un autre homme dans le tableau : Steve, mon nouveau beau-père. Il souffrait d'un méchant syndrome d'ivresse mentale. Il m'avait dit une fois que les moustiques ne le piquaient pas parce que son sang était mauvais. Il n'aimait pas ses beaux-enfants. On se rendait tous compte qu'il aurait préféré qu'on ne soit pas là. Pourtant, nous étions bien vivants, et lui considérait ça comme un problème.

Il était violent avec mes frères et il ne m'aimait pas non

plus, parce que je l'avais percé à jour et que j'essayais tout le temps de faire piger à ma mère qui il était vraiment. Ce soir-là, Steve a vu l'occasion rêvée pour se débarrasser de moi, et il a sauté dessus. Il a commencé à dire que j'étais accro aux drogues, que j'en avais tous les symptômes, comme s'habiller en noir et écouter les Doors. Un trip d'acide. Un. Trip. Je suis à peu près sûre qu'il en faut plus que ça pour parler d'addiction.

Deux semaines plus tard, ma mère me larguait dans un centre de désintox, où on m'a confisqué mes chaussures pour me passer l'envie de décamper. À treize ans. Expliquer aux docteurs que je n'avais jamais pris de drogue de toute ma vie, en dehors de cette unique prise de LSD, n'a servi à rien. Pour eux, j'étais dans le déni. Je dois leur reconnaître une certaine compétence en matière d'incarcération : impossible de foutre le camp. Le dernier étage de l'hôpital du Sacré-Cœur, dans la misérable ville d'Eugene, est devenu mon foyer jusqu'à nouvel ordre.

Mon séjour fut tout aussi amusant que monotone. On nous parlait de drogues quatre heures par jour : leurs petits noms dans la rue, le cours actuel, les endroits où on pouvait s'en procurer, les effets produits… Tout ce que vous avez toujours voulu savoir sur les drogues sans jamais oser le demander, les autorités vous le balançaient. Bordel, ils attendaient qu'on récidive, ou quoi ?

J'étais de loin la plus jeune patiente, et je suis rapidement devenue une sorte de chef de bande. Un soir, au dîner, j'ai sniffé de la saccharine en poudre, à la fois pour prouver que j'étais une dure à cuire et pour faire chier les infirmières. Je n'avais jamais rien sniffé, mais j'avais vu ça dans les films pédagogiques qu'on nous montrait. C'est sans doute le truc le plus douloureux que je me sois jamais fourré dans le pif. Au final, la victime de cette mauvaise blague, c'était moi. Je peux affirmer que la saccharine est un vrai produit chimique. Le manger n'est déjà pas une bonne idée, alors le sniffer… La sensation était abominable. On aurait dit de la mort-aux-rats. J'ai réussi à demeurer stoïque malgré mon envie de pleurer toutes les larmes de mon corps. Faire comme si de rien n'était reste sans doute à ce jour ma meilleure performance d'actrice. Les infirmières étaient furax, mais mes potes de réhab' m'ont acclamée.

Un jour par semaine, on avait droit à une thérapie familiale. Cette blague. Chaque membre de la famille devait dire à quel point il ou elle était affecté par mon addiction aux drogues. Ça ne marchait pas vraiment, vu que je n'en avais pris qu'une fois. Mes frères et sœurs étaient assez perplexes. Ma petite sœur Daisy m'a conseillé d'admettre que j'étais accro, histoire qu'on me foute la paix. Une fois de plus, il fallait que je confesse un mensonge pour satisfaire ceux qui avaient le pouvoir. Il fallait que j'avoue mon addiction supposée pour qu'on me laisse sortir plus tôt. J'y ai pensé, mais, cette fois encore, j'ai refusé de me trahir pour me faciliter la vie ou celle des autres.

L'enfermement et le contrôle strict de mes moindres faits et gestes me rendaient dingue. Le temps que j'allais passer ici dépendait de ma bonne conduite, mais je me connaissais, et je savais que mon comportement n'allait pas s'améliorer. La seule issue, c'était l'évasion. Alors j'ai mis les voiles. J'étais devenue amie avec le gardien de mon étage. Il n'en a rien eu à faire quand je suis passée devant lui pour rejoindre l'escalier. Il m'a même fait un petit coucou.

Une fois dans la rue, j'ai pris mes jambes à mon cou. Ce qui, en chaussons d'hôpital, n'est pas un mince exploit.

Après quelques pâtés de maisons, je suis entrée dans un café. Une fille s'est pointée dans les toilettes pendant que j'étais en train de me percer la narine avec une aiguille. Chloe, c'était son nom, est venue m'aider. Dans la rue, on croise des gens qui deviennent instantanément nos meilleurs amis. Chloe m'a présenté deux punks de deux fois mon âge, Slam et Mayonnaise, des zonards dégénérés. L'un avait la tête hérissée de pointes brunes, l'autre de pointes blondes. On voyait pas mal d'ados vagabonder dans les quartiers malfamés d'Eugene. J'espérais ne pas devenir comme eux.

Nous nous sommes abrités de la pluie qui tombait à seaux ce soir-là sous le porche d'une église. J'ai passé ma première nuit d'ado SDF à dormir sur un lit de terre humide et glacée. Je me suis réveillée quand la terre, transformée en boue par la pluie, s'est infiltrée dans mes oreilles, distordant les sons qui me parvenaient. J'ai néanmoins réussi à distinguer des hurlements, et la silhouette de Slam qui bougeait au-dessus de celle de Chloe dans la pénombre. M. Mayonnaise n'était nulle part en vue. Je n'ai jamais su si ce rapport était consenti. Je l'espère.

Une fois de plus, on m'avait laissée tranquille parce que je ressemblais à un garçon. Je me rappelle m'être fait la réflexion que mon absence de seins m'avait sauvée. Je me suis glissée dehors centimètre par centimètre, perdant mes chaussettes au passage. Mes oreilles me faisaient atrocement souffrir, je voyais double. Pieds nus, couverte de boue, je ne voyais pas quoi faire d'autre que de retourner à l'hôpital. Je me suis effondrée devant l'infirmière de service, à qui j'ai parlé, entre deux sanglots, de punks et d'un probable viol.

Personne ne m'a crue. Personne ne m'a écoutée. Je n'ai jamais cessé de m'interroger sur le sort de Chloe et de me sentir coupable. Encore aujourd'hui, son souvenir me pousse à combattre l'injustice.

Tout le monde était soulagé de me voir revenir, mais, après deux semaines et plus de films pédagogiques que je ne peux en compter, je me suis refait la malle. Ma camarade de chambrée m'avait donné des chaussures deux pointures trop grandes, mais c'était mieux que rien.

J'ai demandé à trois autres copains de faire diversion en ouvrant une porte contrôlée par une alarme, pour que je puisse m'enfuir par l'ascenseur.

Cette fois, je me suis échappée pour de bon. Ainsi commençait ma vie de fugitive.

Ce n'est pas une partie de plaisir d'être sur les routes dans l'Oregon. La pluie glaciale tombait sans arrêt, mon jean ne séchait jamais complètement. Et j'avais faim. Tout le temps.

Durant cette période, il m'arrivait parfois de faire des black-out étranges. Une fois, c'est arrivé sur un pont. Je n'ai repris connaissance que lorsque quelque chose a heurté mon sac à dos et l'a envoyé bouler sur la route. Pendant ces moments difficiles, je m'échappais de mon corps. Il s'occupait de gérer la réalité concrète pendant que mon esprit était ailleurs. Flotter quelque part au-dessus de tout ça, observer les événements comme à travers l'objectif d'un appareil photo, c'était un moyen de défense. Ça n'était pas très éloigné du genre de transe que j'expérimenterais plus tard, en jouant la comédie, mais ce n'était pas encore à l'ordre du jour.

J'avais coupé tout contact avec ma famille. J'étais seule. Personne ne me cherchait, ce qui m'allait très bien.

C'est drôle, quand on est dans la rue, on a tendance à se lier d'amitié avec les autres gosses qui vivent à peu près la même chose que vous. Les rejetés, les laissés-pour-compte, les égarés. Un soir, devant une supérette, j'ai rencontré une fille à la peau très blanche, avec une crinière de cheveux blonds fourchus à la Nancy Spungen. Elle m'a dit s'appeler Tina et être strip-teaseuse. J'avais vu un vieux film sur la star du burlesque Gypsy Rose Lee, donc j'étais à peu près sûre de savoir ce que ça voulait dire. Mais quand j'ai demandé à Tina si elle pouvait faire tourner ses pampilles pour moi, elle m'a renvoyé un regard vide. Elle m'a emmenée chez elle, dans un appart grand comme une boîte à chaussures avec des matelas par terre et un crépi gouttelette au plafond. Je ne suis pas fan de ce genre de décoration, mais j'ai fait une exception pour cette fois. Tina m'a gentiment proposé de rester là un moment. Noël arrivait et, même si je risquais de ne pas manger ce jour-là, je ne concevais pas de le passer sans un toit au-dessus de la tête.

Au bout d'une semaine, Tina m'a demandé de participer aux frais de chauffage. Et merde. Comment faire ? Ha ha ! Bien sûr ! J'allais cambrioler la maison de ma mère. J'ai donc refait tout le chemin en sens inverse en stop vers le sud, franchissant une à une chacune des villes de campagne qui me séparaient de Santa Clara. Quand je suis arrivée là-bas, j'ai attendu d'être sûre que la maison soit vide et je m'y suis glissée par la chatière, comme je l'avais fait chaque fois que je m'étais retrouvée enfermée dehors.

La maison sentait Noël. Enfoirés.

J'ai farfouillé parmi les cadeaux, vexée — de manière complètement irrationnelle — qu'il n'y en ait aucun pour moi. Dans les films, la mère éplorée passerait en boucle dans les journaux nationaux, suppliant sa fugueuse de fille de revenir. Mais dans la vraie vie, et dans cette maison, c'est comme si je n'avais jamais existé. Joyeux Noël.

J'ai chargé les cadeaux sur mon épaule, façon hotte, et j'ai filé. Un type ressemblant à Weird Al Yancovic dans une Datsun 280Z m'a prise en stop et m'a déposée devant une boutique de prêteur sur gages. J'ai fait les yeux doux au propriétaire pour qu'il me rachète les cartouches Nintendo de mon frère, dont j'ai tiré 27 dollars. Assez pour payer la facture de Tina.

J'étais punk à mort. J'avais toujours aimé les aventures, les grandes comme les petites, et là, j'en vivais une à fond.

Tina n'aimait pas que je reste seule chez elle, donc la nuit j'allais traîner. En général, j'allais tenter ma chance dans des entrepôts où étaient organisées des soirées gays underground, dont je suis devenue une sorte de mascotte. Il m'arrivait de me faire un trip d'acide, quand je pouvais m'en procurer, ou plus tard une ligne de speed, qui était plus facile à trouver dans ce genre de clubs, et je dansais jusqu'à ce qu'on me foute dehors. J'allais me percher sur les podiums, où je me trémoussais comme une petite machine. Et où je m'oubliais. Sur le dance-floor, j'arrivais à canaliser ma peur, mon stress, tout. Je me changeais en une espèce de robot qui se mouvait tout seul. Parfois, les gars me refilaient du poppers et gloussaient quand je me cassais la gueule.

J'ai toujours préféré les fringues de garçon, et je me débrouillais pour composer des tenues à la Charlie Chaplin à partir de ce que je trouvais dans les ventes de charité, comme des pantalons un peu trop courts et des chapeaux melon. Je prenais le maquillage très au sérieux et je tapais dans les trucs de Tina. J'utilisais le plus souvent un crayon à lèvres Wet n Wild, un rouge à lèvres Revlon « Love That Red », et de la poudre de riz Coty dans une très jolie boîte ronde à motif doré qui n'avait apparemment pas changé depuis les années 1950. J'ai fini par ressembler à un croisement entre une geisha et Charlie Chaplin. Certains soirs, je me peignais un échiquier complet sur le visage. Dessiner les cases noires à l'eye-liner et les blanches à l'anticernes Wet n Wild pouvait me prendre jusqu'à quatre heures. D'autres fois, je me faisais une toile d'araignée sur la moitié du visage.

J'avais mon petit succès.

Un jour, j'ai décidé d'utiliser mes talents d'actrice. Je me suis rendue au poste de police et j'ai déclaré que j'avais fugué depuis Pocatello, dans l'Idaho. Je ne sais pas pourquoi j'ai choisi cette ville. Je pense que c'est parce que j'avais toujours trouvé ce nom rigolo. J'ai raconté à la police que ma mère avait changé de numéro et que je ne pouvais joindre personne que je connaissais. S'ils pouvaient m'acheter un ticket pour Pocatello, je me débrouillerais. Puis j'ai fondu en larmes. Les flics ne savaient pas quoi faire de moi. Ils voulaient juste que je dégage, alors ils m'ont acheté un ticket de bus. Très gentil de leur part.

Il n'y avait pas grand-chose à voir à Pocatello. Au bout de deux jours, je suis allée trouver la police locale, je leur ai fait le même numéro, et je me suis fait payer un billet pour North Bend, dans l'Oregon. C'est une ville au bord de l'océan. Je me rappelle avoir contemplé la mer sous acide, assise sur un tronc d'arbre. Sans que je m'en rende compte, la marée était montée et je m'étais retrouvée avec de l'eau jusqu'à la poitrine. On était en plein hiver, j'ai failli me noyer. Le problème avec l'acide est qu'on perd facilement de vue certaines réalités, comme, disons, le niveau de la mer. J'avais si froid dans mon jean trempé. Du sable s'est insinué en moi par tous les orifices. Je suis restée mouillée pendant environ quatre jours, avec mes fringues raides et pleines de sable sur le dos.

J'ai ensuite mis mes talents d'actrice à profit pour rejoindre Las Vegas, où je savais que ma copine Lara avait emménagé. Lara créchait avec Bjarney, un Norvégien qui essayait tout le temps de me bourrer la gueule. Au bout de cinq jours, ils se sont disputés et Lara a quitté la ville, me plantant seule avec lui. Il m'a emmenée jouer au « Blakyack ». Il prononçait les *j* comme des *y*. Et puis je me suis barrée.

Bientôt, je me suis lassée de mon petit jeu avec la police et de mes pérégrinations sur la côte Ouest. Au début, j'avais l'impression de vivre la grande aventure, comme une adulte. Je faisais tout ce que je voulais, sans contrainte. Mais je suis arrivée au point où ce n'était plus tellement marrant. La faim, le froid ont fini par me peser. Tenir la terreur à distance et être courageuse en toutes circonstances demande beaucoup d'énergie. Quand je le raconte, mon périple a des allures de road-trip loufoque, et, d'une certaine façon, c'en était un. Jusqu'à ce que ça devienne une routine. Je me suis réveillée un matin et je me suis rendu compte que c'était Noël. Je n'avais pas mangé depuis deux jours. J'en avais marre. À quelques jours de mon quatorzième anniversaire, j'ai passé un coup de fil en PCV à ma tante Rory, à Seattle. Je lui ai dit que je n'en pouvais plus. Que j'étais fatiguée, fatiguée d'avoir faim et froid. Elle a fait contre mauvaise fortune bon cœur — elle aurait pu dire non — et m'a envoyé un billet pour Seattle, où je débarquai peu de temps après.

BRUTALITÉ

Ma tante vivait dans une jolie maison de style Craftsman à un étage avec son mari, Dean, et leur bébé, Austin. Ma tante et mon oncle ont été les seules personnes à faire preuve de gentillesse à mon égard à cette période de ma vie. Dean était un chic type d'Indiana. Il était beau, avec ses yeux verts rieurs, et il était très amoureux de sa femme. Il ne m'a jamais regardée comme un monstre, il ne m'a jamais rabaissée et il semblait sincère quand il me souriait. Personne ne me souriait jamais, mais, à dire vrai, je ne souriais pas souvent non plus. Dans la rue, j'avais pris l'habitude de regarder par en dessous.

Ma tante Rory avait beaucoup à faire, avec un nourrisson. Je détestais ce bébé. Je sais que je n'aurais pas dû, mais je ne pouvais pas m'en empêcher. Il recevait tellement de cadeaux et d'attention que, en comparaison, ma propre enfance me paraissait avoir manqué de tout. Cet enfant était en sécurité. J'étais profondément mal à l'aise, car je ne savais pas quoi faire de ces sentiments. J'avais honte d'être jalouse de ce bébé, mais c'est la première fois que j'étais témoin de tels soins, d'une telle attention et d'un tel amour. Je voulais désespérément qu'on m'aime de cette façon, mais, si tel avait été le cas, je n'aurais littéralement pas su comment réagir.

Ma tante pulvérisait ostensiblement du Lysol sur chaque chose que je touchais. C'était une humiliation de plus à ajouter à une longue liste. À sa décharge, j'avais débarqué avec des morpions et une teigne dans le cou, donc je suppose que le Lysol n'était pas de trop. La teigne ressemblait à un mégot de cigarette qu'on m'aurait enfoncé sous la peau du cou. Quant aux morpions, je les avais découverts un jour aux toilettes. J'ai attrapé dans mes poils pubiens un petit truc marron qui s'est mis à bouger. Il avait des bras et des jambes minuscules. Bordel de Dieu. J'ai failli m'évanouir. Quand on m'a emmenée voir le docteur pour mon cou, il s'est dépêché de parler de mes morpions à ma tante. Merci pour la confidentialité.

Je suppose que si la teigne et les morpions étaient ce qui m'était arrivé de pire dans la rue, alors je ne m'en étais pas si mal sortie. J'avais réussi à me montrer plus maligne que les prédateurs — ou les trolls, comme on les appelait — et à éviter les agressions sexuelles, les agressions tout court, les viols et la mort. Pas mal.

Un jour, environ un mois après mon arrivée, ma tante m'a dit que mon père déménageait à Seattle. Une boule s'est formée dans mon ventre. J'étais terrorisée. La dernière fois que je l'avais vu, c'était à l'époque de son emménagement à Montréal. Il était devenu de plus en plus instable. Je savais qu'il apportait les ennuis, et je ne me trompais pas.

Je me suis dit qu'il avait fait quelque chose de mal à ma belle-mère, ou plutôt mon ex-belle-mère. Sinon, pourquoi aurait-il sauté dans sa voiture avec pour tout bagage la chemise qu'il avait sur le dos et son matériel d'art, et traversé le pays à tombeau ouvert ? Pour quelle autre raison aurait-il quitté mes deux demi-sœurs ? J'étais certaine qu'il avait sérieusement déconné. Tandis qu'il approchait de Seattle, je sentais la tempête se lever.

*
* *

Mon père et moi avons emménagé dans un appartement tout sauf charmant qu'il appelait la Caverne. Situé au rez-de-chaussée, il y faisait très, très sombre. Le plafond était bas, le parquet affreux et les vibrations mauvaises. Ça a dû déprimer mon père, habitué qu'il était aux belles maisons. La propriétaire vivait juste au-dessus, dans un paradis pour accumulateur compulsif.

C'était propre, au moins, mais sans chaleur, comme notre quotidien. À cette époque, mon père tournait en boucle sur la haine qu'il vouait aux femmes ayant eu le malheur de croiser sa vie. Haine qu'il cristallisait sur ma personne. Il nous appelait toutes des « féminazis ». Il me faisait penser au schizo de base qu'on pouvait rencontrer dans la rue, qui se disputait avec une entité imaginaire à propos des femmes. Sauf que l'entité imaginaire, c'était moi.

Toute ma vie, je me suis coltiné des hommes qui me haïssaient uniquement parce que j'étais une femme, et ça a commencé avec mon père. Nous ne sommes pas nés dans le même camp. Les femmes étaient l'excuse qu'il brandissait pour justifier sa rage et tous ses échecs. Toutes les femmes en étaient responsables. Et il n'avait que moi sous la main. J'en suis venue à répondre à sa haine par la haine. Le pire était de se souvenir des moments magiques qu'on avait passés ensemble quand j'étais petite. Le monstre qui avait pris sa place était la pire des trahisons possible. Il n'existe que peu de photos de moi de cette période, car mon père me disait que j'étais trop laide pour qu'il gâche de la pellicule. Après mes années dans l'Oregon, j'avais l'habitude. Mais j'avais beau me borner à lever les yeux au ciel, ça faisait toujours mal.

On n'avait pas de couverts, dans la Caverne. En tout cas, moi, je n'en avais pas. Mon père me répétait que je n'avais pas suffisamment de valeur pour qu'il m'en achète. Alors, j'en volais dans les restaurants. Je n'avais pas de lit non plus, car il me disait que je ne méritais pas qu'il m'en achète un. Je dormais dans un placard, sur quatre coussins carrés et roses récupérés chez ma tante. Apparemment, je ne valais pas grand-chose, à cette époque.

Mon père disait régulièrement des trucs comme : « Je n'imagine pas que quelqu'un puisse vouloir être ton ami », ou : « Comme si quelqu'un pouvait t'apprécier ». Il me traitait si souvent de pute que c'est moi qui finissais ses phrases, en imitant toutes ses intonations.

Je savais qu'il avait tort. Je savais que c'étaient des conneries. Le truc, c'est que ça me colle encore à la peau. Ça franchit vos murs de défense, quelle que soit leur hauteur. Entendre ce genre de saloperie, jour après jour, ça vous broie.

Être une jeune femme indépendante à l'esprit libre et à la volonté de fer (et je pèse mes mots) au côté d'un père maniaco-dépressif et misogyne au dernier degré est épuisant (et je pèse mes mots).

Je pouvais toujours fermer la porte du placard et essayer de jouir d'une paix relative dans le noir. Sauf que je n'étais pas en paix. Il pouvait débarquer n'importe quand, écumant de rage, postillonnant, ses yeux sombres et sauvages refusant de voir en moi autre chose que ce qu'il haïssait — je payais pour toutes les femmes.

Un soir, la porte du placard s'est ouverte à la volée. Un rayon de lumière m'a aveuglée, mais je n'avais pas besoin de le voir pour savoir que c'était lui. Il hurlait. Il m'a attrapée par le cou, tirée hors du placard et jetée par terre. J'ai réussi à hoqueter que j'allais appeler les flics. Il a dit : « Je vais te clouer la langue au sol. » Je n'oublierai jamais la haine dans son regard, même s'il ne me voyait pas moi, mais toutes les femmes. J'en étais consciente, mais ça ne rendait pas les choses plus faciles.

Une fois, j'ai essayé de prévenir ma tante, mais elle s'est mise en colère contre moi et m'a dit qu'il était le meilleur père qu'elle connaissait. Ça m'a cloué le bec. J'étais coincée avec lui, et je ne voyais aucune porte de sortie. Je restais assise dans ma chambre/placard et j'écrivais sur un bloc-notes jaune à la lumière d'une lampe de poche. Je n'écrivais qu'une seule chose, encore et encore, que j'avais appelée « Le monologue de la mort ». Il s'agissait essentiellement d'une liste des péchés et des torts de mon père. Je m'imaginais en train de me glisser dans sa chambre pendant son sommeil, de me tenir au-dessus de lui et de la lui lire à voix haute. Après avoir débité la litanie de ses condamnations, je le tuerais avec un attendrisseur à viande. Un maillet lisse d'un côté, avec des pointes de l'autre, et un manche en bois qui tient bien dans la main. Je le battrais à mort.

Le perfectionnisme qui m'avait été inculqué par la secte dans laquelle il m'avait forcée à vivre m'a paradoxalement évité de passer le reste de ma vie en prison pour meurtre, car je n'ai jamais pu terminer mon monologue. Chaque jour, j'ajoutais une ligne à la liste de ses saloperies, remettant toujours mes projets au lendemain. Ça, et le fait que mon père ne valait pas qu'on passe sa vie en prison pour lui.

Profitant du fait qu'il avait quitté la ville pour le week-end, je me suis dit que ce serait une bonne idée de faire une fête. Je ne connaissais personne à Seattle, et je voulais me faire des amis. J'ai donc fabriqué des flyers avec l'adresse de la Caverne et je les ai placardés dans la rue. Le vendredi, à 21 heures précises, on a frappé à la porte. Je suis allée ouvrir, pour découvrir une vingtaine de paumés mal assortis.

Je pense que je m'étais attendue à un remake de *Diamants sur canapé* ; au lieu de ça, je me suis retrouvée avec tout ce que Seattle comptait de gamins des rues et d'adultes flippants. La sonnette a retenti et vingt autres gugusses sont arrivés. Oh ! merde, il n'était que 21 h 05, et ça partait déjà en sucette. Je commençais tout juste à me dire que tout ça était une très mauvaise idée, quand la police s'est pointée.

Prise en flag. Les agents sont entrés, se sont moqués de la bière premier prix et ont dispersé tout le monde. J'ai voulu faire semblant d'être une invitée et j'ai commencé à partir en lançant un vague « Bonne soirée à vous ». Sans transition, j'ai été soulevée du sol et plaquée contre le mur de l'immeuble. Un flic me bloquait les genoux avec sa matraque et me cognait la tête contre le mur de brique en me tenant par les cheveux. Mes yeux se sont révulsés, mais j'ai eu le temps de voir la proprio me dévisager depuis le balcon à l'étage. Elle souriait. Quelle horrible femme. Qui pouvait faire ça à une gosse d'à peine 1,50 mètre ? Je venais d'avoir quatorze ans.

Le flic qui me frappait avait dans les cinquante ans, des cheveux gris, une moustache en guidon de vélo, le teint blafard et des yeux bleus sadiques. Il a réussi à m'ouvrir le crâne, qui s'est mis à pisser le sang, tandis que ma vision se brouillait. On m'a passé les menottes et jetée à l'arrière d'une voiture de patrouille.

J'ai été reconnue coupable d'agression sur un agent de police. Selon le rapport, je lui aurais foncé dessus et je l'aurais frappé au tibia. Je crois que, crâne ouvert mis à part, c'est ce qui m'a rendue le plus furieuse. Vous n'avez rien trouvé de mieux ? Ça faisait tellement pitié. C'était même insultant. Je n'aurais jamais agressé un flic. J'essayais juste d'être polie.

Quand mon père est revenu à la maison, ça a été la Troisième Guerre mondiale. Évidemment, j'étais en tort pour avoir organisé cette soirée, comme n'importe quel autre ado débile, mais ça ne justifiait sûrement pas d'être passée à tabac par un agent de police de cinquante ans. Aux yeux de mon père, j'étais cependant coupable de tout et plus encore.

Quand je suis passée en jugement, on m'a amenée devant une demi-douzaine d'hommes à l'air sinistre assis sur un banc surélevé. J'ai plaidé ma cause, mais ça n'a servi à rien ; ils m'ont déclarée coupable chacun son tour. Coupable, coupable, coupable, coupable, coupable,

coupable. Constater que ma voix n'avait aucun poids, que j'étais totalement impuissante, m'a rendue folle de rage. On m'a condamnée aux travaux forcés dans un établissement psychiatrique. C'était un hôpital de jour, autrement dit une situation très dangereuse pour une jeune fille. Soit ils ne le savaient pas, soit ils s'en foutaient. J'étais traitée comme un déchet dont on se débarrassait. Ce n'était ni la première ni la dernière fois. Mais je vais vous dire, si la même chose était arrivée à une SDF de quatorze ans, la sentence aurait été probablement pire. Ma blessure à la tête a mis longtemps à guérir, mais ils n'ont pas réussi à mater ma révolte.

J'ai commencé ma peine à contrecœur. Je faisais surtout du classement, et parfois on me faisait passer la serpillière dans les toilettes. Quand je prenais ma pause, le type qui vivait dans l'appartement d'en face se branlait en me matant à travers la fenêtre et faisait des dessins avec son sperme sur la vitre. J'ai découvert plus tard que cet appartement hébergeait souvent des patients de l'hôpital. Au final, ça ne m'a pas paru beaucoup plus crade que les mecs soi-disant sains d'esprit qui me suivaient dans les rues de Seattle.

Je me souviens du moment exact, un jour que je descendais la 10e Rue à Seattle, où j'ai commencé à me voir à travers les yeux des hommes. Un klaxon a retenti, et j'ai entendu des types crier. J'ai regardé autour de moi pour voir ce qui se passait. Il ne se passait rien. Il n'y avait que moi. Ce qui se passait, c'était moi. J'étais la raison de ce boucan. Sauf qu'en réalité ce n'était pas *vraiment* moi, c'étaient mon corps et mon visage. Ma poitrine avait poussé presque en une seule nuit. J'ai ressenti de l'embarras et de la honte. J'avais l'impression d'attirer les hommes par le simple fait d'exister et d'avoir de tels appendices.

C'en est arrivé au point où je ne pouvais plus marcher dans la rue sans que des hommes me klaxonnent ou agitent leur langue entre leurs doigts en V. J'ai alors expérimenté une nouvelle forme de détachement. Je me suis déconnectée du moi que j'avais toujours connu et je me suis créé une autre identité. L'une tournée vers l'intérieur, l'autre vers l'extérieur.

Je n'appréciais pas l'attention dont j'étais l'objet ; je me sentais sale. Peut-être y avait-il quelque chose à faire. Je suis donc allée à la bibliothèque municipale pour effectuer des recherches sur la réduction mammaire. L'opération avait l'air terrifiante, et de toute façon je n'avais pas les moyens de me la payer.

L'autre moitié de moi se demandait : *Pourquoi le désir d'un homme supplanterait-il mon droit à la dignité ? Qu'est-ce qui fait croire à certains que leurs perversions sont plus importantes que le droit d'une fille à exister en tant qu'être humain libre ?* J'ai fini par arriver à la conclusion qu'il valait mieux que je porte des œillères, comme les chevaux d'attelage. Tenir compte de ces agressions verbales, c'était gaspiller mon énergie. Quel dommage que les femmes doivent renoncer à leur vision périphérique uniquement parce qu'elles ont peur d'attirer l'attention. Je refuse catégoriquement l'idée que « les garçons seront toujours des garçons » et autres conneries du même acabit. Non, élevez vos garçons pour qu'ils voient les filles autrement que comme des objets.

C'est à cette époque que j'ai eu mes deux premiers boulots, plus ou moins illégaux. Le premier, c'était dans une entreprise de pompes funèbres. Un de mes amis punks habitait le grenier du bâtiment où se trouvait la société. Il m'a dit que son gérant cherchait quelqu'un pour accueillir les visites des familles des défunts, service qu'il rémunérait 30 dollars par semaine. Je venais de fêter mon quatorzième anniversaire, je n'avais aucune expérience, donc j'ai accepté. Mon travail aux pompes funèbres est vite devenu le meilleur moment de ma semaine. Comparé au reste de ma vie, je trouvais ça très paisible. Les morts ne pouvaient pas me faire de mal. C'était apaisant. Ce qui m'effrayait le plus, c'était justement de ne pas être effrayée. Il arrivait parfois que les lumières de la salle des visites se mettent à vibrer, voire à clignoter. Un des trucs que je préférais, c'était placer le mobilier comme il faut et régler l'éclairage pour rendre le moment moins pénible aux familles. Je me tenais près du cercueil ouvert avant qu'elles arrivent et je tentais de percevoir la vibration du défunt pour faire correspondre au mieux l'ambiance de la pièce. Je pense que c'est de là que me vient mon goût des éclairages. Il n'y a que deux fois où j'ai eu l'impression que le macchabée allait revenir à la vie pour m'étrangler, mais le reste du temps, honnêtement, c'était un boulot peinard.

J'ai piqué un paquet de cartes de Jésus (celles que les pompes funèbres distribuaient durant l'office) pour l'offrir à mon père le jour de son anniversaire. Jusqu'à la fin de sa vie, il m'a pris la tête pour que je lui en trouve d'autres. Je n'ai jamais pu me résoudre à lui avouer que ses illustrations chrétiennes préférées aux belles enluminures dorées avaient été volées à un mort.

Rétrospectivement, après avoir perdu plusieurs personnes au cours de mon existence, je me serais bien passé de connaître certaines des choses que j'ai vues là-bas, comme les corps enveloppés dans des sacs en plastique bleu clair, jambes croisées et bagues aux doigts, entassés sur les étagères du congélateur. Une fois, j'ai eu la mauvaise idée d'ouvrir le battant vitré du four crématoire. Est-ce que je peux affirmer en toute honnêteté que seules *vos* cendres finissent dans votre urne ? Peut-être, peut-être pas.

J'avais un autre travail dans un vieux cinéma appelé le Broadway. J'adorais ce job, mais pour d'autres raisons. Deux films sont restés longtemps à l'affiche pendant que je bossais là-bas : *Qui veut la peau de Roger Rabbit ?* et *Working Girl*. Deux visions diamétralement opposées : d'un côté Jessica Rabbit et son fameux « Je ne suis pas mauvaise, je suis juste dessinée comme ça », de l'autre

Melanie Griffith en Tess, secrétaire à New York, qui rêve d'une vie meilleure et se fait passer pour sa connasse de patronne, jouée par Sigourney Weaver. Ces deux films m'ont beaucoup influencée. À la maison, on regardait surtout des classiques ; j'étais trop heureuse d'avoir enfin accès à des films récents. L'idée de grimper les échelons dans une société dominée par les hommes, comme dans *Working Girl*, et d'exceller alors que personne n'y croyait m'inspirait beaucoup. Avec Jessica Rabbit, je prenais conscience non seulement que nos corps étaient fichus pareil, mais aussi que j'adorais chanter. Certains jours, l'après-midi, quand il n'y avait qu'une ou deux personnes dans le cinéma, je me glissais dans la pénombre de l'allée, j'allumais une lampe de poche sous mon menton et je chantais : « *You had plenty money 1922, you let other women make a fool of you*[1]... », puis j'éteignais la lumière et je courais me carapater dans le bureau. C'était mon petit moment de gloire. Quoi qu'il en soit, je dois mon amour du chant à un cartoon.

Mais bon, en général, je faisais le planton sur le parvis du cinéma. Le gérant me collait à l'extérieur des grandes portes à double battant et m'encourageait à demander aux hommes s'ils n'avaient pas envie de voir un film — j'étais là pour racoler, comme la bonne petite Lolita que j'étais. C'était gênant. Avant d'entrer, les hommes me reluquaient de haut en bas comme si c'était inclus dans le prix du billet. Plus tard, à Hollywood, ça me ferait le même effet.

Je me suis fait virer des deux jobs au bout d'un mois. Les pompes funèbres quand ils ont découvert mon âge, et le cinéma parce que j'ai refusé de piquer dans la caisse avec les autres.

Mon père m'a dit qu'on allait quitter la Caverne pour une belle maison Craftsman de 1908 qu'il avait eue pour

1. « Why Don't You Do Right », standard de jazz composé par Joe McCoy en 1936 et chanté par Jessica Rabbit dans le film.

une bouchée de pain. J'ai vite découvert pourquoi c'était une affaire — c'était la seule maison de la rue qui ne soit pas une résidence étudiante réservée aux garçons. Me voilà, moi, la fille aux cheveux teints en noir, avec ses fringues assorties et l'œil encore plus sombre, jetée au beau milieu de la rue des fraternités de l'université de Washington. Tu te fous de ma gueule. Je peux vous dire que c'était la grosse éclate quand je devais marcher jusqu'à l'arrêt de bus. Je devais passer devant ces gros bourrins qui me criaient toutes sortes d'insultes, me traitaient de tarée. Je leur répondais, ouais, connard, j'ai déjà entendu ça, et c'était déjà lourd la première fois. Chaque matin, je mettais mon radiocassette à la fenêtre et je balançais du Alien Sex Fiend (imaginez un chat pousser un miaulement suraigu sur fond de musique industrielle) en boucle aussi fort que possible pour les faire chier.

Avec mon père, c'était la guerre ouverte. Je le haïssais de chaque fibre de mon corps. C'est lui que j'aurais voulu voir dans un cercueil aux pompes funèbres. Et je pense qu'il me souhaitait à peu près le même sort. Les effets de son déséquilibre mental se faisaient sentir au quotidien. Mon grand frère est venu vivre avec nous, ce qui ne lui a pas réussi. Mon père se montrait impitoyable, vicieux avec nous. Il déversait dès le petit déjeuner son flot continu d'humiliations, qui auraient pu anéantir n'importe qui. Mon grand frère est un mec super drôle, mais il en a bavé durant l'adolescence. Sa réaction, ç'a été de rentrer dans sa coquille. On est aussi différents physiquement que psychologiquement. Il a les cheveux blonds et les yeux bleus, j'étais dure, lui, sensible. En vérité, j'étais moi aussi très sensible, mais j'avais dû me forger une armure pour survivre.

Un soir, mon frère est sorti avec notre cousin Stevie, un peu plus jeune que nous, quelque part en banlieue de Seattle. Ils marchaient sur le bord de la route, quand un chauffard ivre a fauché mon cousin avec son pick-up, l'éjectant à trois mètres et le tuant sur le coup. Mon frère a vu la cervelle de ce pauvre Stevie dispersée sur le trottoir. Quand mon père l'a appris, il a dit à mon frère que ç'aurait dû être lui. Ses problèmes mentaux non traités causaient énormément de dégâts à cette époque. Je regrettais tellement son ancienne personnalité. Quand je voyais des gosses avec leur père, j'étais jalouse.

Vint le moment où j'ai dû réintégrer le système scolaire, mais je n'avais pas vraiment les papiers nécessaires. On a trouvé une école alternative appelée Nova qui récupérait les gamins trop futés ou trop bizarres pour aller ailleurs. Ça aurait pu me convenir, si ça n'avait pas grouillé d'enfants de hippies. Putain, qu'est-ce que je pouvais détester les hippies. À mes yeux, c'était la même clique que les Enfants de Dieu. Les nanas me faisaient la morale sur les produits chimiques dans mon rouge à lèvres Revlon. Je leur répondais en appliquant une couche supplémentaire et en leur envoyant un gros bisou bruyant. Je m'amusais aussi à laisser des baisers rouges sur les murs blancs, ce qui me valait toujours des ennuis car j'étais la seule à mettre du rouge à lèvres.

Mon père m'a emmenée faire mes courses de rentrée chez REI, une boutique de matériel d'extérieur pour chasseurs d'ours où l'on ne trouvait que des pantalons de treillis et des anoraks — pas vraiment le genre d'endroit où j'aurais acheté des fringues. J'étais plutôt du genre moth, un croisement entre mod, ce look tranché des années 1960, et goth. Je confectionnais mes minijupes en découpant le col de pulls à col roulé noirs que je dégotais dans des friperies, et je les portais par-dessus des collants noirs, avec des Dr Martens que ma tante m'avait offertes. J'avais ma propre couleur de lacets.

Quand j'avais un peu de blé, je m'achetais de l'acide ou une ligne de speed et j'allais danser toute la nuit dans une boîte que fréquentaient des gens de tous les âges, l'*Underground*, le vendredi. J'adorais cet endroit, c'était plein de goths et de marginaux. Des personnes selon mon cœur. Non seulement on y passait du son vraiment bon, mais surtout c'était moi la reine du dance-floor, comme du temps de mes années d'errance. Je grimpais sur le podium totalement défoncée, je tendais les bras, et je dégageais les folles en lançant un truc comme : « Cassez-vous, les salopes, Rose est dans la place ! » Et je dansais comme un jouet mécanique jusqu'à 2 heures du matin. Je bobardais mon père en lui disant que j'allais dormir chez une copine, ce qui posait un petit problème d'emploi du temps. Je n'avais nulle part où aller passer le reste de la nuit, du coup j'allais piquer un roupillon au cimetière de Lake View, le plus vieux de Seattle. C'est un endroit magnifique où on trouve la tombe de Bruce Lee, qui était souvent couverte d'oranges et de pennies. Son silence et sa sécurité me rassuraient. Et puis, il se passait des trucs louches et clairement sexuels dans les buissons du parc d'à côté, donc je l'évitais. Au matin, je me traînais jusqu'à la maison, les bras chargés de fleurs ramassées sur les tombes. Quand mon père me demandait où je les avais eues, je lui disais qu'un type sympa me les avait offertes dans la rue. Bizarrement, il gobait ça à tous les coups.

D'autres soirs, je sortais en cachette. Je faisais en sorte que mon père me voie aller me coucher dans mon placard, puis je me glissais par la porte d'entrée dès que j'entendais ses ronflements. Je la laissais toujours entrouverte, au cas où il viendrait à quelqu'un l'idée d'entrer et de l'assassiner, mais ça n'est jamais arrivé, à ma grande déception.

Quand mon père m'a annoncé que je lui « devais » 300 dollars de loyer par mois, j'ai complètement flippé. Mon expérience de SDF affamée m'a marquée à jamais. Je me souviendrai toute ma vie des longues nuits où mon estomac m'empêchait de dormir parce que je n'avais rien avalé depuis trois jours. Ma peur de retourner dans la rue jetait une ombre par-dessus mon épaule. J'étais terrifiée.

Mais comment est-ce que j'allais faire pour trouver 300 dollars ? La réponse m'est venue un jour que je séchais les cours. Je suis tombée sur un flyer collé sur un poteau et qui promettait 35 dollars par jour pour faire de la figuration dans un film. Je connaissais par cœur les classiques du cinéma, que je regardais avec mon père — une des rares choses que, même à cette époque, on aimait encore faire ensemble. Je me suis dit que j'arriverais peut-être à gagner 300 dollars de cette façon.

Class of 1999, avec Malcolm McDowell et Pam Grier, n'était pas vraiment ce qu'on pourrait appeler un classique du cinéma. On était plutôt dans la série B débile ; ça parlait d'une école où les professeurs étaient des cyborgs. Mais bon, trente-cinq billets. Je me suis dépêchée de postuler et j'ai été prise. Mon look leur avait plu. Un figurant, comme son nom l'indique, n'est rien de plus qu'un corps et un visage destinés à remplir l'image. Mais parmi les figurants, j'étais une star. J'apparaissais dans toutes sortes de plans, même ceux où je n'avais rien à faire ; comme j'avais un look cool, ils me mettaient partout. On m'avait dessiné un petit cœur noir sur la joue, signe distinctif du gang des Cœurs noirs. C'était comme si j'incarnais un personnage silencieux : j'étais là dans tout le film, mais je n'avais pas une seule réplique.

Il y avait un type sur le plateau, la cinquantaine, très sympa, il me rappelait les bons côtés de mon père. On a pas mal déconné ensemble. J'ai toujours cru que les adultes m'aimaient bien parce que j'étais très différente des autres gosses de mon âge et que j'étais drôle. Un week-end, il m'a proposé d'aller faire un tour en ville avec lui et d'autres figurants. J'ai dit oui. On était censés le retrouver dans le lobby de son hôtel. J'ai attendu, longtemps. Puis j'ai demandé à la réception de l'appeler dans sa chambre, et ils m'ont dit de monter. J'espérais retrouver mon gang de figurants des Cœurs noirs, mais non, il n'y avait que moi. La porte s'est ouverte, et je me suis retrouvée dans ses bras, contre sa poitrine. Ahhhh, putain. Il m'a griffée avec sa barbe quand il a fourré sa langue au fond de ma gorge. Tout s'est passé si vite. Il m'a rapidement enlevé ma chemise et m'a tripoté les seins. Bien sûr, celle qui se sentait honteuse et sale, c'était moi.

Aujourd'hui, je me rends compte que cet homme n'était rien d'autre qu'un pédophile ordinaire, pas si différent des trolls des rues, mais je ne le savais pas encore. Il y en a tellement. C'est un secret de polichinelle dans ce bon vieux Hollywood. Quand une plainte est déposée (ce qui est rare), les studios s'arrangent avec la victime et utilisent leurs machines RP pour discréditer la plaignante. Mais il n'y a jamais de fumée sans feu, voire sans brasier, surtout à Hollywood. J'ai rangé cette expérience dans un des nombreux compartiments de mon cerveau et je suis retournée bosser. Il ne m'est pas venu à l'idée de dire quoi que ce soit. Pendant des années, j'ai considéré cet incident comme une expérience sexuelle et non comme une agression. Une fois adulte, je me suis rendu compte qu'il s'agissait bel et bien d'une agression.

La vérité, c'est que je n'avais pas à me sentir honteuse, pas plus que n'importe quelle autre victime dans une situation similaire. La honte, elle est pour tous les sales types qui se laissent aller à ce genre d'attouchements. Honte aux agresseurs, pas aux victimes, pas aux rescapées. Nous sommes si nombreux à devoir survivre à ce genre de merde. C'est tragique. Et je suis désolée pour vous si ça vous est arrivé.

Une bonne chose est ressortie de ma première expérience dans l'industrie cinématographique : j'ai fait la rencontre d'un certain Joshua Miller, un ado sympa qui avait tourné avec Keanu Reeves dans un film culte, *Le Fleuve de la mort*.

Class of 1999 était le premier film auquel il participait sans sa mère — qui était aussi sa manager — sur le plateau. Il avait treize ans et moi, quatorze. Je l'ai dévergondé du mieux que j'ai pu. Je faisais comme si j'avais beaucoup d'expérience, et je suppose que, comparé à lui, c'était vrai. En tout cas, dans mon style de vie sauvage et libre. On s'est introduits en mode furtif dans un bar très adulte, le *Pink Door*, où on s'est enivrés de martinis bleus en regardant un spectacle de cabaret. Je lui ai aussi montré comment fumer de l'herbe en se servant d'une pomme comme d'une pipe.

Joshua allait devenir un très grand scénariste à Hollywood. Lui et son complice Mark Fortin ont d'ailleurs écrit *Dawn*, le premier court-métrage que j'ai réalisé. Notre amitié remonte à cette époque, ce qui fait de lui l'être humain que je fréquente depuis le plus longtemps, en dehors de ma famille.

Je crois que c'est grâce à Joshua que j'ai atterri à Los Angeles. Quand sa mère a débarqué sur le tournage de *Class of 1999* et qu'elle m'a rencontrée, elle s'est dit que j'avais l'étoffe d'une star et elle m'a mise dans l'Amtrak, direction Hollywood.

C'est comme ça que j'ai décroché mon premier rôle parlant, une réplique dans *California Man*, un film avec Pauly Shore. Ça ne faisait pas franchement rêver. J'ai trouvé les producteurs, le réalisateur et tous les gens du studio présents sur le tournage beaucoup moins cool qu'ils croyaient l'être. On m'a présenté Beverly, une vieille agente, qui m'a expliqué que je devais changer de nom. Le mien sonnait comme celui d'une infirmière irlandaise. Je lui ai répondu que le sien n'était pas terrible non plus, et qu'elle devrait peut-être songer à en changer, elle aussi. Mais j'avais beau faire ma maligne et ne pas être d'accord avec elle, son commentaire m'a travaillée. J'ai pensé à devenir

Rose Mayfair — le nom d'un personnage d'Anne Rice, que je lisais à cette époque. Heureusement, il existait une chaîne de magasins du même nom, ce qui m'a dissuadée de le prendre. Mon nom de famille n'est peut-être pas le plus joli, mais j'ai toujours aimé le voir imprimé ; à mes yeux, il dégage une certaine force.

Cette super agente m'a dit aussi que personne ne m'engagerait si je ne faisais pas une demande d'émancipation de mineur. Beaucoup de gamins se faisaient voler leur argent par leurs parents et, même si je ne voyais pas comment ça aurait pu m'arriver — ma fortune personnelle devant s'élever à 25 *cents* —, je me suis dit qu'il valait mieux que je me protège.

Donc, l'étape logique suivante dans ma vie illogique allait être de divorcer de mes parents, autrement dit la demande d'émancipation. J'avais quinze ans, et un besoin de liberté aussi vital que celui de respirer.

Cela faisait plusieurs mois que je me trouvais à Los Angeles. Le tribunal des affaires familiales est le meilleur endroit pour voir ce qui se passe réellement derrière les façades léchées de la ville. Il y avait là des familles de toutes sortes, des enfants qui couraient partout dans les couloirs pour tromper l'ennui, des mères terrifiées, quelques pères, et moi, la gosse qui se représentait elle-même. J'ai essayé de m'habiller comme une adulte, avec un collant couleur chair, du genre de ceux qu'on trouve au supermarché dans de drôles de boîtes en forme d'œuf. S'il avait fallu mettre des collants comme ça tous les jours pour ressembler à une femme, j'aurais laissé tomber, mais les supporter une demi-journée dans le but d'impressionner un juge restait du domaine du possible. Si le personnage de Melanie Griffith, soit l'image d'une adulte accomplie à mes yeux, portait ces machins dans *Working Girl,* alors je devais le faire.

On a appelé mon nom. En piste. Mon cœur s'est emballé, et mes collants ont essayé de se faire la malle.

J'ai discrètement tiré dessus, mais tout ce que j'ai réussi à faire, c'est un bel accroc. Le juge avait l'air impassible. Je me suis lancée dans ma plaidoirie. Il m'a fait remarquer que la place d'un enfant était à la maison. Ce n'est pas ma maison, j'ai répondu. Sans compter que si j'ai été enfant, c'est juste au sens technique du terme.

« Monsieur le juge, laissez-moi vous décrire la vie chez mon père. En tout cas la dernière année qu'on a passée ensemble. On habitait dans un appartement triste et glauque, sans lumière, à Seattle, une ville déprimante. Mon père est un artiste. Ça n'a pas dû lui faire du bien au cerveau, surtout qu'il était déjà pas mal attaqué, de vivre tout le temps dans le noir. Les artistes ne voient pas la lumière comme tout le monde ; ils dépendent d'elle, au sens littéral du terme. Peut-être que c'est ça son problème. Peut-être que c'est pour ça qu'il me détestait. » Mais je n'ai pas dit tout ça. J'ai juste parlé des mauvais traitements ; c'était une question de survie. Je lui ai dit qu'être la propriété d'un homme m'était intolérable. Le juge a toussé et a déclaré que j'étais libre. Techniquement, j'étais maintenant une adulte, même si je n'avais pas encore l'âge de conduire. Je n'étais officiellement plus sous la responsabilité des gens de ma famille, ce qui ne manquait pas d'ironie, vu qu'aucun d'eux ne s'est jamais comporté de façon responsable avec moi. Mais l'ironie de mon émancipation ne s'arrête pas là, si on considère que j'ai passé l'essentiel des années suivantes sous la coupe d'un autre homme. Je n'avais échappé au contrôle de la secte et de mon père que pour foncer tête baissée dans un autre genre de servitude.

CAPTIVITÉ

Après l'émancipation, j'ai entendu dire que ma mère avait trouvé du travail à Los Angeles et qu'elle était en train de divorcer. Je la préférais de loin célibataire. Elle venait d'obtenir un double diplôme d'anglais et de journalisme à l'université de l'Oregon et elle était sortie major de promo. Comme on n'était plus liées l'une à l'autre sur le plan juridique, on était sur un pied d'égalité, plus copines que mère et fille. On a emménagé dans une petite maison en bois géniale qui avait été construite en 1918, au cœur du Hollywood bien craignos. C'était vraiment cool.

Je suis entrée en seconde à Hollywood High, un lycée de renommée internationale, où j'ai intégré le très convoité cursus pour artistes. Ça m'allait parfaitement de côtoyer un petit nombre d'élèves, tous des créatifs. Des danseurs, des chanteurs, des acteurs… il y en avait pour tous les goûts. Mais après mes multiples aventures dans le monde des adultes, ça me faisait bizarre de retourner à l'école avec des ados. Je me sentais vieille en comparaison, même si je n'avais que quinze ans. La classe de théâtre s'apprêtait à monter une tragédie grecque. J'ai auditionné, et c'est comme ça que j'ai joué ma première et dernière pièce sérieuse : *Antigone*. Même si je débutais, j'avais l'impression que je m'étais entraînée à ça toute ma vie. J'entrais en résonance avec une autre, je quittais mon corps, mais cette fois pour quelque chose de positif, une énergie pure qui me remplissait au lieu d'aller nourrir un traumatisme quelconque. C'était intense et plutôt divertissant.

Deux hommes dans le public sont venus me voir pour me dire que ma prestation leur avait tiré des larmes. Je me suis sentie puissante. Pour un acteur, le théâtre n'a rien à voir avec le cinéma. J'imagine qu'on peut dire qu'il s'agit d'une forme plus pure de notre art. Hollywood étant une ville de cinéma, je n'ai plus jamais ressenti un tel pouvoir en jouant. Mais à cette époque, et aussi pendant les années qui ont suivi, je ne me voyais pas refaire la même chose jour après jour, représentation après représentation, alors je n'ai jamais vraiment continué.

J'étais si heureuse de vivre avec ma mère. Ç'avait été mon rêve toute mon enfance, d'être seule avec elle, et qu'elle se rende compte que j'avais plus d'importance que n'importe quel type qu'elle pourrait rencontrer. L'idée que ces moins que rien, ces demeurés puissent dicter leurs quatre volontés à ma mère, et donc à moi, au seul motif qu'ils avaient quelque chose entre les jambes, me mettait hors de moi. Je savais que beaucoup d'entre eux étaient des escrocs, des brutes et des prédateurs sexuels — comment ma mère faisait-elle pour ne pas le voir ?

Elle ne réalisait pas que non seulement ces hommes l'arnaquaient, mais qu'encore ils lui faisaient croire qu'elle avait un sacré bol de les avoir trouvés. Comme beaucoup d'autres femmes, on lui avait appris que le but ultime de sa vie était d'arriver à rentrer dans leurs bonnes grâces. Quand on baigne dans cette culture depuis toute gosse, on n'apprend pas à reconnaître sa propre valeur. On ne se rend pas compte que nous-mêmes, nous valons de l'or, quand on nous affirme qu'il faudra se contenter de l'argent.

Ce n'est que plus tard, quand je ferais à mon tour l'expérience des relations merdiques, que je commencerais à ressentir de la compassion pour ma mère. Je comprendrais alors à quel point il est facile de se faire manipuler, et comment ils s'y prennent pour faire de vous leur proie au moment où vous êtes le plus vulnérable. On nous avait appris à toutes les deux que les hommes valaient plus que nous. Ils étaient le talon d'Achille de ma mère ; je suppose qu'ils sont également devenus le mien.

Un soir, je suis allée dans un *diner* célèbre à Hollywood, chez *Canter's*, et j'ai rencontré sur le parking un type nommé William. Il avait dans les vingt, vingt et un ans — je les choisissais toujours plus âgés — et on a commencé à sortir ensemble. Je pense que je cherchais juste à m'amuser. Je ne sais pas ce que je faisais exactement ; je traînais juste avec ce type qui m'aimait bien et qui était mignon dans son genre. Il avait une certaine douceur en lui, malgré son côté selon moi très « Beverly Hills ». Je lui ai dit que j'avais dix-sept ans. Je ne lui ai avoué mon vrai âge qu'au bout d'une semaine. Ça ne l'a pas fait fuir. Un type qui a la vingtaine avec une fille de quinze ans, c'est louche, mais je suppose que je n'étais pas une ado tout à fait normale. Pourtant, une petite voix dans ma tête me disait de faire attention — et je me suis empressée de la faire taire.

Ça faisait six mois que j'habitais avec ma mère quand elle a fait la connaissance de Stewart. Il était néerlandais et il avait les dents jaunies par la nicotine. Elle avait eu bien pire, comme jules ; c'était juste un menteur patenté, mais ça, elle ne le savait pas encore. Un jour, peu après avoir rencontré Stewart, ma mère s'est assise dans le salon avec William et lui a dit : « William, est-ce que ma fille compte pour toi ? — Oui, beaucoup », a-t-il répondu. Je me souviens de m'être demandé, perplexe, pourquoi elle lui posait cette question. C'est là qu'elle a ajouté : « Je vais déménager chez Stewart. Tu prendras soin d'elle ? » J'étais sonnée. Je ne connaissais William que depuis trois semaines.

Voilà comment j'ai atterri dans un magnifique hôtel particulier bâti sur le modèle d'un château français dans un quartier boisé de Los Angeles.

William était un enfant gâté, un fils à maman de Beverly Hills. Il avait fréquenté le lycée de Beverly Hills High, qui était très célèbre, très 90210[1]. C'était un gosse de riche de Hollywood qui refusait de travailler, ce qui n'avait aucune importance dans la mesure où ses parents subvenaient à tous ses besoins. Une fois par semaine, il rendait visite aux comptables de son père, qui lui signaient un chèque juste parce qu'il avait le mérite d'exister. Sans doute infantilisé par sa mère, financé par son père, il incarnait à la perfection la jeunesse dorée. J'étais amère et jalouse qu'il n'ait jamais eu besoin de se battre comme je l'avais fait. Mais avec le recul, je me rends compte que si sa prison était plus douce, ça restait quand même une prison.

Je m'enfonçais de plus en plus profondément dans la dépression. Mais je ne pouvais pas partir et aller vivre avec ma mère, et mon père n'était PAS une option. J'étais coincée, donc je devais faire comme si William me plaisait. Parfois, c'était le cas, mais plus comme un colocataire un peu bizarre. En vérité, nous étions deux gosses qui jouaient aux adultes.

J'avais quitté Hollywood High, à ce moment-là. William me gardait en cage. Il avait un besoin absolu de contrôler quelque chose, et il n'avait que moi sous la main. Je n'avais pas de voiture et, sans voiture, on ne peut rien faire à LA. Pas de caisse, pas de job. Donc pas d'argent. Je volais un dollar par-ci par-là quand William laissait des pourboires au restaurant, ce qui m'épargnait l'embarras de lui réclamer de l'argent.

Il était aussi incroyablement et bêtement jaloux. Je ne

1. Code postal de Beverly Hills, et référence à la célèbre série *Beverly Hills 90210*, qui dépeint la jeunesse dorée d'une bande d'adolescents de cette banlieue.

vois pas comment j'aurais pu le tromper, étant donné que je dépendais de lui pour me déplacer, pour manger, pour avoir un endroit où dormir… Mais il pétait les plombs quand même et m'accablait de reproches si j'avais le malheur de regarder un serveur. Donc, j'ai appris à me comporter d'une certaine façon, pour qu'il garde son calme. Voilà EXACTEMENT comment on tombe dans la violence conjugale : en adaptant ses faits et gestes pour ne pas énerver l'autre ou déclencher sa colère. C'est comme ça qu'on abandonne, petit bout par petit bout, le contrôle de sa vie. Ça ne fait qu'empirer, jusqu'à ce qu'un jour, vous vous rendiez compte que vous vous êtes si bien cachée que vous avez disparu.

Si votre compagnon pète une durite simplement parce que vous avez mentionné un ex, un crush, ou que sais-je encore, c'est une alerte rouge. Tirez-vous. Vite. La possessivité ne va jamais en s'améliorant. Arrêtez les frais et cassez-vous.

Ce n'est pas ce que j'ai fait. Un jour, alors que je sortais du lit, William m'a regardée et m'a dit : « Arrête-toi. » Je me suis arrêtée. « Ne bouge plus. » Je n'ai plus bougé. « Retourne-toi, maintenant. » J'ai pivoté sur moi-même, en me demandant ce qui se passait. « C'est quoi, ces espèces de triangles inversés, en haut de tes jambes ? » Quoi ? Je suis allée m'examiner dans un miroir et j'ai vu ce qu'il voulait dire. Ou du moins, c'est ce que je croyais. À ce moment-là, il s'est passé quelque chose qui arrive à beaucoup de filles. J'ai cessé de me voir avec mes yeux à moi pour me voir à travers ceux de William. Soudain, sa vision de ma soi-disant culotte de cheval est devenue la mienne. En un claquement de doigts. Oui, ça arrive aussi vite que ça.

Une fois encore, un homme me disait que j'étais imparfaite. La même chose m'arriverait aujourd'hui, je répondrais simplement que ces triangles marquent l'endroit où mes cuisses rencontrent mes fesses, mais j'avais beau vivre comme une adulte, dans les faits je restais très jeune.

Quand le monde est trop grand, trop effrayant, on peut avoir l'impression que les seules choses sur lesquelles on a encore un peu de contrôle, c'est son corps et son alimentation. Beaucoup de gens sont convaincus que les troubles du comportement alimentaire viennent d'une forme de fierté mal placée. Croyez-moi, ce n'est pas de la fierté que l'on ressent lorsqu'un duvet commence à vous pousser sur tout le corps parce que ce dernier essaie de vous empêcher de mourir de faim. Ou quand vous avez les doigts qui puent après avoir vomi. Ou que vous manquez de vous étouffer en vous empiffrant. La boulimie et l'anorexie font perdre du poids, mais le corps n'est pas le seul à souffrir. C'est dans la tête. La peur de l'imperfection dans notre société déboussolée est devenue une obsession. J'ai donc fait ce pour quoi j'ai été programmée au nom du culte de la recherche de la perfection. Chaque film que j'ai vu, chaque magazine que j'ai lu m'en avait enseigné les règles et la méthode. On m'y avait préparée. La programmation commence le jour de notre naissance. Elle reste en sommeil en nous et, si l'on montre la moindre vulnérabilité, elle frappe. On se fait baiser à tous les coups.

D'un coup, je ne voyais plus mes jambes comme ce qui me servait à avancer, mais comme la partie de mon corps que je détestais le plus. Je ne voyais plus que ces triangles. Il fallait les contrôler ! Il fallait les détruire ! Comment est-ce que j'avais fait pour vivre avec ces horreurs aussi longtemps ?

Je suis partie à l'assaut de ma culotte de cheval avec férocité. J'ai eu droit à un step pour faire de l'exercice. J'avais une cassette de Cher, que je me passais en boucle quatre à six heures par jour, en hurlant par-dessus. Quand ce n'était pas Cher, c'était Nirvana, pendant que j'allais en haut, en bas, à droite à gauche. J'étais obsédée.

William m'achetait *Marie Claire*, *Glamour* et *Vogue*, qui ne parlaient que de « thinspiration[1] ». Ces magazines m'aidaient en effet beaucoup, quand il s'agissait de trouver le meilleur truc pour ne pas prendre de poids. Je découpais toutes les photos de jambes ultraminces. Je passais des heures aux toilettes — à cause des laxatifs — à regarder ces filles plus maigres que moi. Et je pleurais. Et je devenais folle. De temps à autre, j'entendais un murmure à travers le brouillard. *Ce n'est pas toi. Ce n'est pas du tout ton genre. Ce n'est pas ta vie.* Mais si, c'était ma vie. Et j'étais maintenant piégée physiquement et mentalement.

Je m'autorisais à manger environ une fois tous les trois jours, en général un gros bol de pâtes.

Je n'ai jamais réussi à descendre au-dessous de 46 kilos. Pour une raison ou une autre, c'était ma limite. Mais parce que j'avais lu que des filles pesaient 42 kilos, j'avais un sentiment d'échec.

J'étais tout le temps fatiguée, je cramais chaque calorie disponible pour m'entraîner. Mais il était hors de question que j'aie la moindre imperfection. Chaque fois que William commençait à me harceler ou à m'engueuler pour Dieu sait quoi, je m'endormais presque tout de suite, le menton sur la poitrine. C'était devenu un mécanisme de défense. Mon seul moment d'activité, c'était quand je m'entraînais ; le reste du temps, j'étais dans l'introspection. Cette maladie est si solitaire. Personne ne peut vous atteindre, et surtout pas vous-même. Si votre vie est régie par toutes ces « règles » de perfection, vous désertez votre propre esprit, vous n'entendez plus que ces voix maléfiques qui viennent de l'extérieur. Elles deviennent votre voix intérieure. Et elles sont malveillantes. Comme une sorte de forum ou

1. Contraction de « *thin* » (mince) et « inspiration », ce néologisme, qui s'inscrit dans le mouvement pro-ana (pro-anorexique), désigne des contenus (photos de mannequins, de stars) censés « motiver » les personnes qui cherchent à maigrir.

de fil de commentaires horrible ouvert en permanence dans votre tête. Ça fait rêver, non ?

Pour les supporter, je me réfugiais sur mon step. Je vivais un simulacre de vie d'adulte avec le fils friqué d'un ponte de Hollywood. J'ai eu seize ans, puis dix-sept, puis dix-huit, puis dix-neuf. Je n'ai pratiquement pas ouvert la bouche pendant trois ans et demi, ce qui est difficile à croire quand on me connaît. Mais j'étais trop fatiguée. J'étais une jeune femme piégée dans une existence bizarre et vide.

Une année, j'ai rendu visite à ma famille à Seattle pour Noël. J'ai ouvert la porte d'entrée, traversé la maison comme une furie, je suis sortie par la porte de derrière et je suis allée courir dans la neige. Il était à peu près 22 heures, et j'ai fait le tour du lac, soit pas loin de cinq kilomètres. J'avais emporté mon step à Seattle, évidemment — pas question de le laisser ! J'avais même une théorie complètement barrée : si je ne le planquais pas, si je ne l'emballais pas comme il faut, les types qui s'occupaient des bagages à l'aéroport allaient me le voler pour l'offrir à leur femme obèse.

J'ai commencé à avoir des hallucinations. Je me débrouillais pour ne jamais m'asseoir, de peur de laisser une trace de graisse dégoulinante sur ma chaise.

La privation de nourriture me faisait plus ou moins planer. Je me rappelle m'être fait la réflexion que j'étais plus maligne que les héroïnomanes, car ma drogue à moi était gratuite. Ouais, j'en étais à ce point de destruction que je trouvais de la fierté dans cette forme de supériorité.

Mais je crois aussi que c'était ma façon de surmonter le traumatisme. Je pouvais supporter de m'affamer au nom de la perfection ; c'était un moyen de défense. Je pouvais supporter de devoir dire « je t'aime » à William en croisant les doigts dans le dos. J'en étais venue au point où je le haïssais, mais je me contenais car je n'avais aucun autre endroit où vivre.

Heureusement, on ne faisait pas souvent l'amour. C'était comme de coucher avec un demi-frère. Un demi-frère qui ferait de grosses crises de jalousie. C'était bizarre, je détestais ça. Des larmes coulaient le long de mes joues pendant l'acte. Parfois, je me tournais sur le côté et je revenais à mon vieux truc ; je me dissociais de mon corps pour m'observer par au-dessus. J'étais résolue à jouer la comédie dans ces moments-là. Je ne savais pas ce qu'on était censé ressentir quand on avait un orgasme, malgré tout ce qu'en disaient ces magazines débiles, mais j'ai découvert que, si je simulais bien, les parties de jambes en l'air duraient moins longtemps.

Voilà ce que j'étais. Un simulacre.

Pendant des années, je m'en suis voulu d'avoir vécu avec William. J'avais cru être une adulte, faire des choix d'adulte, mais je n'étais qu'une enfant. Une gosse terrorisée à l'idée de retourner dans la rue.

Avec le recul, je me rends compte que je m'étais offerte à un type que je connaissais à peine. Même si j'avais énormément de colère en moi pour avoir été abandonnée, je comprends à présent qu'avec l'enfance que j'avais eue, j'allais naturellement vers l'amour qu'on voulait bien me donner. Et s'il venait seulement de la part d'hommes concupiscents, je le prenais quand même. C'est comme ça qu'on plonge dans la spirale de l'échec. C'est comme ça qu'on perd le contrôle de sa vie. Voilà quelque chose qu'on n'évoque jamais quand on parle de maltraitance.

Pendant que j'étais occupée à sculpter la graisse que je n'avais pas, la mère de William est morte brutalement. Le problème, quand vous rendez vos enfants complètement dépendants de vous, c'est que, lorsque vous les quittez trop tôt, ils sont foutus. Et foutu, il l'était. C'était triste à voir.

Nous avons immédiatement emménagé dans la grande

maison de sa mère, à Bel Air. C'est à ce moment-là que notre relation déjà difficile est devenue du grand n'importe quoi. Sans sa mère, William était à la dérive, totalement incapable de s'occuper de lui. J'avais vraiment de la peine pour lui. Il est devenu complètement imprévisible à mesure que sa consommation de drogues, censées soulager sa douleur, augmentait. Il pouvait raconter dix mille trucs en s'excitant tout seul, et l'instant d'après s'endormir pour vingt-quatre heures d'affilée. Je marchais sur des œufs. Les rares fois où il avait été gentil avec moi, la douceur dans ses yeux, tout ça avait disparu avec la drogue. Il a commencé par s'absenter toute une journée, puis la nuit également, et parfois trois ou quatre jours de suite, me laissant sans argent ni nourriture. Mais bon, comme j'étais anorexique, ce n'était pas vraiment grave.

Durant cette période, je devais gérer le personnel de maison, m'assurer que les femmes de ménage et les jardiniers faisaient bien leur job. J'avais beau vivre dans une maison somptueuse, ils gagnaient beaucoup plus d'argent que moi. Comme j'étais obnubilée par mon poids, je ne réfléchissais pas à ces choses-là, mais, à la vérité, cet immense manoir de Beverly Hills était devenu ma prison. J'étais seule.

William avait besoin de toujours plus d'argent pour la drogue. Il s'est mis à me réclamer du blé chaque fois qu'il repassait par la maison, oubliant que je n'en avais pas.

J'ai appelé le père de William, un gros bonnet de l'administration de Hollywood, et je l'ai supplié de m'envoyer de l'argent pour sortir, pour aller n'importe où. J'ai demandé 500 dollars, en pensant que c'était une grosse somme. Mais sa réponse a été un NON sans appel. Grâce à un ami de la mère de William, j'ai réussi à décrocher une publicité pour Allstate, la compagnie d'assurances, mais ça ne suffisait pas pour se payer un appartement ou quoi que ce soit d'autre. Et puis, quand j'ai encaissé mon chèque, William a volé l'argent dans ma cachette et il l'a claqué en drogue. Entre-temps, son père lui avait payé une Ford Explorer flambant neuve.

Une nuit, on a eu une énorme dispute, comme jamais ça ne nous était arrivé. Au moment où j'étais le plus terrorisée, quelqu'un a sonné à la porte. William est allé ouvrir. J'ai entendu la voix feutrée de son père. Cette fois, il allait me donner de l'argent pour que je puisse m'en aller, c'était sûr. William, qui tenait la porte entrouverte tandis que je pleurais derrière lui, expliquait à son père que j'étais bouleversée à cause d'un truc qui était arrivé à une amie. J'ai crié : « Je vous en prie, je dois partir d'ici. Aidez-moi, je vous en supplie ! » Mais, au lieu de ça, William et son père m'ont fermé la porte au nez et m'ont plantée là tandis qu'ils partaient en voiture.

Je me suis assise sur le canapé pour rassembler mes esprits.

Je ne savais toujours pas comment j'allais faire, mais je devais me sauver. C'est à ce moment que j'ai reçu un coup de fil de ma sœur de seize ans, Eve. Elle me prévenait qu'elle s'enfuyait de chez notre père et qu'elle venait se réfugier avec moi en Californie. Je savais que ça craignait chez mon père, mais ça craignait aussi chez William. Des deux situations, celle de ma sœur était cependant la moins enviable. Quand elle m'a dit que son vol arrivait à midi le lendemain, j'ai paniqué. Comment est-ce que j'allais faire pour aller la chercher à l'aéroport sans un sou en poche ?

Je me suis dit que la meilleure option serait d'aller mettre l'une des télévisions au clou. Et me voilà, du haut de mes 46 kilos, à descendre la colline les bras chargés d'un téléviseur XXL, puis à prendre un taxi qui m'a déposée devant la boutique du prêteur sur gages de Beverly Hills. J'en ai tiré 80 dollars, soit juste assez pour récupérer Eve sur le parking de l'aéroport de Los Angeles, après quoi je n'avais plus que 6 dollars en poche. Ma pauvre sœur a été accueillie par une anorexique grincheuse qui n'avait pas la moindre énergie à gaspiller en amabilités. J'ai d'autant plus honte de m'être montrée si vache avec elle qu'elle m'était sincèrement reconnaissante de l'héberger. Mais l'héberger où ? Dans une maison magnifique, sans rien à manger et avec un « petit ami » imprévisible. Pourtant, elle trouvait ça mieux que l'endroit d'où elle était partie, ce qui me brisait le cœur.

William avait quasiment disparu, à ce moment-là. Les jardiniers et les femmes de ménage, payés par son père, continuaient de faire leur travail. Je trouvais ça absurde qu'Eve (et moi dans une moindre mesure) habite dans une maison impeccablement tenue, mais qu'elle n'ait rien à manger. Une nuit, pas longtemps après qu'elle s'est installée avec moi, William s'est pointé vers 5 heures du matin et nous a réveillées en martyrisant le piano à queue de sa mère, un Steinway. Puis il est venu dans la chambre et a commencé à me provoquer. Sous les yeux d'Eve. J'étais mortifiée. Il a fini par tomber dans les vapes.

Après ça, il revenait à la maison tous les deux jours pour dormir au moins vingt-quatre heures d'affilée, ce qui me laissait un peu de liberté. Je lui « empruntais » sa voiture et j'emmenais ma sœur danser au Dragonfly. À cette époque, la boîte était un véritable incubateur de talents. J'ai vu Fiona Apple en concert avant qu'elle sorte son premier album, et aussi Mazzy Star. Les gens dans la foule étaient beaux. Nous l'étions tous, à l'époque. Je me suis liée d'amitié avec pas mal de personnes qui travaillaient là. La gentillesse de ces étrangers me mettait du baume au cœur.

J'avais très peu de contacts avec ma mère. Je me demandais comment je pourrais bien lui expliquer cette folie. Et j'en avais fini avec mon père, avec cette brutalité. Je m'étais faite à l'idée que *je n'avais nulle part ailleurs où aller*.

C'est alors que j'ai rencontré Brett Cantor, un type extrêmement charismatique, comme le joueur de flûte de Hamelin, également connu sous le titre de « maire du Dragonfly », dont il détenait la moitié des parts. Brett avait les yeux bleus et des cheveux blond platine rasés très court. Il était charmant. Marrant comme pas deux. Âgé de vingt-cinq ans (soit six de plus que moi), il était le plus jeune des producteurs du label Chrysalis Records.

La première fois qu'on est sortis ensemble, je n'ai presque pas ouvert la bouche ; j'étais intimidée, et l'anorexie m'avait tellement fatiguée que je n'avais plus l'énergie de parler. C'est ma sœur qui faisait la conversation pour moi, croyez-le ou non. Mais il était perspicace, il a tout de suite pigé ce qui clochait chez moi. Lui-même était aux Alcooliques Anonymes. Il n'avait pas bu une goutte depuis sept ans. À dix-huit ans, il avait touché le fond et vendu le setter irlandais de son père au bord de l'autoroute pour pouvoir se payer du crack. Il m'a suggéré d'essayer les OA, les Outremangeurs Anonymes. Oh ! et il a rendu le setter à son père. Après ça, on s'est rapprochés, et ma volubilité est revenue. Il était tellement gentil avec moi, contrairement à ce que j'avais toujours connu. J'ai commencé à voir par flashs la fille que j'étais réellement, et la femme que j'allais devenir. Un jour, je lui ai parlé de William ; il était déterminé à m'aider à me sortir de là. On a passé en revue mes options limitées, et il a été décidé que j'irais vivre chez un ami à lui. Mais j'avais besoin d'argent. Merde.

Eve et moi sommes retournées dans notre palace de Beverly Hills. On a cherché ce qu'on pourrait bien vendre, mais tout était trop lourd pour qu'on puisse le porter jusqu'à la boutique du prêteur sur gages. J'ai alors eu un éclair de génie : le Steinway ! À l'époque, il existait un journal dans lequel on pouvait passer des petites annonces gratuites, le *Recycler*. J'ai appelé, l'annonce paraîtrait le lendemain. J'espérais que William ne revienne pas de sa beuverie. J'avais mis le Steinway à 1 500 dollars. Je ne savais pas que ce genre de pianos en valait 20 000 ; à mes yeux 1 500 dollars représentait un énorme paquet de fric, doux Jésus.

Le lendemain, la maison était bourrée de monde. Je me suis rendu compte que j'aurais pu en tirer beaucoup plus, mais tant pis. Il est parti le jour même. J'ai mis un fauteuil inclinable à la place du piano et je suis allée me coucher. Quand je me suis réveillée, William était assis dans le fauteuil. Eve et moi, terrorisées, le regardions depuis le canapé, un sourire figé aux lèvres. Il restait là sans bouger, shooté à Dieu sait quoi, et il ne semblait pas avoir noté l'absence du Steinway. Il s'est lancé dans un monologue à propos de notre relation, il voulait qu'on reprenne tout à zéro. J'étais très nerveuse, mais j'ai joué le jeu. Je lui ai dit que le mieux serait que quelqu'un vienne le chercher pour me laisser le temps de réfléchir à tout ça. Ça ne tenait absolument pas debout, dans la mesure où il aurait pu partir de lui-même dans sa Ford Explorer flambant neuve, mais heureusement son esprit embrouillé a gobé mes conneries. Un de ses compagnons de défonce est passé le prendre.

J'ai dit à Eve : « C'est maintenant ou jamais. » On a jeté tout ce qu'on possédait, des fringues surtout, à l'arrière de l'Explorer, et on a démarré sur les chapeaux de roues. Je conduisais comme une possédée ; on a fait en dix-huit heures un trajet qui en demande habituellement vingt-quatre. Quand nous sommes arrivées à Seattle, j'ai déposé Eve et je me suis pointée chez un concessionnaire Ford. J'ai imité la signature de William et je l'ai échangée contre un de ces modèles de sport qui ressemblent à un vaisseau spatial, sans hésiter une seule seconde. Je me sentais un peu coupable, mais j'ai regardé mes pieds et mes ongles bousillés, et je suis passée à autre chose.

Voir mon père me rendait nerveuse. Il s'est montré glacial, mais il m'a serrée dans ses bras quand il m'a vue. C'était bizarre. Eve et moi nous sommes fait des adieux larmoyants, puis je suis allée récupérer quelques affaires dans la maison, je les ai lancées dans la capsule spatiale qui me servait de caisse et je suis partie. Il était temps de passer à ma nouvelle vie. Et ce serait avec Brett.

J'ai refait le chemin en sens inverse jusqu'à Los Angeles, ne me nourrissant que de Pepsi Light pour tenir. Je me sentais extrêmement coupable — et grasse — parce que je ne faisais pas de sport.

J'ai essayé de joindre Brett pendant le voyage, sans succès. Je lui laissais chaque fois un message. Quand je suis arrivée à la sortie vers Hollywood Highland Avenue, au niveau du Hollywood Bowl, je lui ai de nouveau téléphoné depuis une cabine. Je commençais à paniquer à l'idée de n'avoir nulle part où dormir. J'ai raccroché et appelé encore une fois. Un homme m'a répondu. Il a dit qu'il était du LAPD et m'a annoncé : « Brett a été assassiné. »

Mon sang s'est figé, et je ne me souviens plus de rien après ça. J'ai appris par la suite que Brett avait été poignardé vingt-trois fois et presque décapité. Mon monde, mes espoirs ont sombré dans un gouffre sans fond. Je me suis effondrée par terre, catatonique. Je ne rappelle pas vraiment ce qui s'est passé jusqu'à l'enterrement. Dans cet océan de noirceur, je ne pouvais plus m'arrêter de pleurer. On l'avait cambriolé. Il avait dû avoir tellement peur durant ses derniers moments sur terre. Je ne pensais qu'à ça. À la rage et à la terreur que sa belle âme avait absorbées. J'en frissonne encore aujourd'hui. Une partie de mon cœur lui appartiendra toujours. L'affaire est irrésolue à ce jour, malgré toutes les recherches que j'ai pu faire depuis.

J'ai été traversée par la pensée aussi tordue qu'embarrassante que l'énormité de sa mort allait guérir mon esprit troublé et que j'allais redevenir la guerrière que j'avais été autrefois. J'en avais vraiment marre de penser à mon corps.

À l'enterrement, ils ont passé « Wish You Were Here » de Pink Floyd, ce qui traduisait parfaitement ma pensée[1]. Brett aurait mérité de vivre une longue vie ; il aurait mérité de continuer à briller. Je me suis assise et j'ai pleuré sans pouvoir m'arrêter.

J'ai rencontré son frère Cliff, qui était aussi sombre que Brett avait été lumineux, tant physiquement que moralement. Cela peut paraître bizarre, mais deux semaines après l'enterrement, je suis allée prendre un café avec lui. Il paraît que dans ce genre de cas, les gens se tournent souvent vers le meilleur ami ou un parent proche du défunt. J'ai fini par me lancer avec Cliff dans une relation très certainement toxique pour moi. Quand quelqu'un meurt, ce qui nous lie à lui s'interrompt brutalement. C'était comme si j'étais allée de zéro à trente avec Brett, puis de trente à cent avec son frère. C'était étrange, mais rappelez-vous que les hommes étaient ma bouée de sauvetage.

L'ami de Brett chez qui j'étais censée habiter a disparu deux semaines après que j'ai emménagé chez lui, et je me suis retrouvée une fois de plus sans nulle part où aller. J'ai donc débarqué chez Cliff. Il avait hérité du job de son frère, de sa boîte, de sa petite amie et de sa voiture. Psychologiquement, ç'a dû être une épreuve. En tout cas, c'en était une pour moi. Je voyais en lui mon amour perdu. On avait besoin l'un de l'autre, cela nous reliait à Brett.

J'ai commencé à me rendre plus fréquemment aux réunions des Outremangeurs Anonymes. Comme son frère, Cliff était sobre et fréquentait les AA, ce qui m'a beaucoup aidée. On m'a surnommée la tartine, car durant ma première année de guérison, j'en mangeais trois par jour. C'est ce que je m'étais engagée à faire. Chaque tartine me tirait des larmes. Je sentais mon corps se distendre

1. « Wish you were here » signifie littéralement « Si seulement tu étais là ».

et mon esprit devenir fou à l'idée de toute cette graisse. Je tenais à cette époque un journal, que je remplissais de griffonnages horribles, fous, mauvais, comme « putain de gros cul » répété jusqu'à l'écœurement. Je suppose que je vomissais sur la page, plutôt que de le faire dans les toilettes, ce qui ne m'avait jamais réussi.

C'est après la mort de Brett, et après que j'ai rejoint les OA, que je me suis mise à la tâche qui allait occuper le reste de ma vie : disséquer les choses, les étudier sous tous les angles. Les douze étapes des OA étaient sensiblement les mêmes que celles des AA. D'accord, je n'ai jamais dépassé la dixième. Mais c'est parce que les deux dernières tournent autour de la prière et de l'éveil spirituel, et je ne voulais rien avoir affaire avec Dieu. Les blessures de mon enfance étaient encore trop à vif.

Un jour, trois semaines après l'assassinat de Brett, je faisais le pied de grue devant un gymnase en attendant mon ami Josh. Je n'avais pas fini de pleurer Brett, les sanglots s'étaient mués en une sorte d'écoulement constant. Je me tenais donc là, à chialer, quand cette femme m'a abordée pour me demander si j'étais une actrice.

Si ç'avait été un homme, je ne serais pas là où je suis aujourd'hui. LA ne manque pas de types qui accostent les jolies filles en leur posant la même question simplement dans l'espoir de les mettre dans leur lit. Mais comme c'était une femme, je lui ai laissé le bénéfice du doute. Non, je n'étais pas une actrice.

« Ça vous intéresserait ? » Non.

Je venais d'avoir vingt ans. L'idée que je me faisais de cette profession se fondait sur des stéréotypes : les acteurs étaient égoïstes, égocentriques, avides de célébrité. Je plaidais coupable pour l'égocentrisme, du fait de mes troubles alimentaires, mais pas pour le reste. Je n'avais pas cette faille en moi que seules des choses extérieures pouvaient combler, comme la notoriété. Fréquenter William m'avait appris que ces « choses » ne pouvaient pas me rendre heureuse. Je savais au plus profond de moi que le bonheur vient de l'intérieur. Il s'est avéré que cette femme était une productrice, et l'amie de Gregg Araki, un célèbre réalisateur indépendant dont je n'avais jamais entendu parler. Gregg avait retourné Hollywood pour trouver l'actrice principale de son prochain film, *The Doom Generation*, sans succès jusqu'à maintenant. Pas vraiment convaincue, je lui ai quand même laissé mon numéro. Ils m'ont appelée environ une semaine plus tard. C'est mon ami Joshua, dont j'avais fait la connaissance sur le tournage de *Class of 1999*, qui m'a persuadée de les rencontrer.

Ce que j'ai fini par faire, quelque part dans la Vallée, à l'extérieur de LA. Je me souviens que je n'avais aucune envie de conduire jusque là-bas. Mais après avoir demandé combien je gagnerais (10 000 dollars), je me suis avisée que j'aurais assez pour payer les trois premiers mois de loyer et la caution requis pour louer une chambre n'importe où. Il me resterait même assez d'argent pour m'envoler pour Paris et aller visiter le château de Malmaison, résidence d'été de l'impératrice Joséphine. Je n'aurais pas à retourner dans le froid et la pluie de Seattle ni chez mon père. Ma décision de devenir actrice ne tient qu'à ça : mon père, Paris et la pluie.

J'ai donc rencontré le réalisateur ; je le trouvais marrant. L'audition a démarré, en présence d'un des acteurs principaux. Araki voulait voir si le courant passait. Je devais m'étendre sur l'acteur en question, qui lui-même était allongé sur le dos sur un canapé. J'ai senti qu'il avait une érection. Ce n'était pas sa faute, mais je crois que ce n'était définitivement pas la bonne façon de faire connaissance. Imaginez qu'un truc pareil vous arrive à votre entretien d'embauche.

J'ai fait ce que je faisais toujours dans ce genre de circonstances. J'ai quitté mon corps et je suis allée flotter quelque part sous le plafond.

Je suppose que le courant est passé, puisque j'ai décroché le rôle d'Amy Blue.

LES DÉBUTS

En général, ce n'est pas comme ça qu'on découvre une actrice. Ce qui m'est arrivé est tout à fait exceptionnel. Il y avait une chance sur un million, voire moins, que Gregg Araki et les investisseurs décident de parier sur une nana totalement inconnue au bataillon. Quand, en interview, on me demande ce que j'aurais fait si je n'avais pas été actrice, je réponds médecin légiste ou archéologue, mais c'est sans doute faux. La vérité, c'est que je n'en ai pas la moindre idée. La vérité, c'est que mon destin était lié au cinéma depuis le début. Ma vie serait hors du commun, c'était écrit, même si j'avais tout fait pour qu'elle ne le soit pas.

Pour moi, *The Doom Generation* a été un camp d'entraînement intensif au métier d'actrice. Je ne connaissais pas grand-chose aux aspects techniques d'un tournage. Quand on me disait « En place », je n'avais pas la moindre idée de ce que ça voulait dire — je déambulais sur le plateau. « Là, la croix sur le sol. Mets-toi là. » J'entendais aussi : « Reste bien dans le champ. » Le champ détermine l'espace dont vous disposez, comme une petite boîte invisible autour de vous, qui correspond au cadrage de la caméra. Si vous partez trop à gauche ou trop à droite, vous sortez du plan. « On répète la mise en place. » La mise en place consiste à jouer la scène de A à Z. Il faut garder tout ça à l'esprit et en même temps l'oublier complètement pour que ça ait l'air naturel. C'était un tournage difficile, car notre temps était très limité, et il fallait faire en moyenne trois bonnes prises par scène. J'essayais de donner le meilleur de moi-même chaque fois.

Je jouais Amy Blue, une fille de seize ans hargneuse et maquillée à la truelle. J'ignorais comment créer un personnage, donc je me suis inspirée de moi à quatorze ans. Une punkette toujours sur les nerfs. Je me suis énormément identifiée à elle. Elle est devenue le vecteur de ma colère.

Le premier jour de tournage a été marqué par un gigantesque tremblement de terre à LA, le plus gros de la décennie. Ça m'a fait bien marrer ; j'avais l'impression de surfer en restant au lit. Plus tard, quand j'ai appris que plusieurs personnes avaient perdu la vie, j'ai trouvé ça beaucoup moins drôle. On tournait surtout la nuit, dans des endroits abandonnés en périphérie de LA, pour donner une touche post-apocalyptique. Je trouvais l'esthétique vraiment cool. Gregg Araki nous avait prévenus que nous serions fatigués et frigorifiés, donc je savais à quoi m'attendre. Il ne s'était pas trompé.

Gregg avait autorisé une des deux stars masculines — très beau, comme vous pouvez vous l'imaginer — à mal se comporter. C'était la première fois que j'étais confrontée à la Méthode, une technique qui consiste, entre autres choses, à rester dans le personnage en permanence, même en dehors des prises. Je n'ai jamais entendu parler d'une actrice l'ayant un jour mise en pratique. Quand un acteur vous dit : « J'applique la Méthode », ça signifie en réalité : « Je vais être un gros connard avec tout le monde sur le plateau. » Ce que font pas mal de jeunes apprentis Marlon Brando. Je n'ai jamais vu un tournage où ces comportements limites n'étaient pas tolérés. S'il croyait m'impressionner, voire m'exciter, il en a été pour ses frais. Il se montrait particulièrement abject avec moi. Je venais de perdre mon petit copain. Tout le monde savait, pour

Brett. J'étais toujours sous le choc, mais les autres avaient l'air de s'en foutre.

J'ai rapidement appris que personne n'allait m'épargner.

Il y a eu un moment déterminant dans ma carrière où le favoritisme, la misogynie et l'environnement toxique des tournages sont devenus une réalité pour moi. Mais, à cette époque, j'étais encore incapable de l'identifier. Je ne comprenais pas pourquoi ces types se croyaient tout permis. On tournait une scène où cet acteur et moi étions assis à l'avant d'une voiture. Le réalisateur et le caméraman, sur la banquette arrière, me filmaient en gros plan, tandis que mon partenaire me donnait la réplique, hors champ. J'ai soudain senti quelque chose de mouillé sous ma jupe, et une pression insistante sur mon vagin. L'acteur avait glissé une bouteille d'eau sous ma jupe et appuyait dessus pour m'en asperger les parties intimes. Je me suis figée. Puis j'ai explosé. J'ai essayé de me jeter sur lui, mais la caméra m'en a empêchée. Araki s'est borné à dire : « Allons, les enfants. »

Plus tard, j'ai raconté cette histoire dans une interview, à laquelle Gregg Araki a écrit une longue réponse. Il disait ne pas savoir de quoi je parlais, que selon lui il ne s'agissait que d'eau renversée. « Le portrait que Rose dresse de moi, ricanant derrière mon moniteur pendant que son partenaire "presse une bouteille sur [son] entrejambe", est une distorsion grossière et extrêmement offensante à l'égard de l'artiste et de l'être humain que je suis… Rose et ses deux partenaires se trouvaient sur la banquette avant et jouaient une scène dans laquelle ils devaient rire et s'amuser. L'un d'eux a renversé une bouteille sur les genoux de Rose — un acte que je n'ai ni vu ni condamné. […] Si je suis aussi profondément blessé par cette attaque sur ma personne, c'est parce que je considère qu'il est de ma responsabilité, en tant que réalisateur, de m'assurer que tous mes acteurs — hommes et femmes — se sentent aussi à l'aise et protégés que possible en toutes circonstances. » Ceci constitue à mes yeux le summum de la misogynie et de la culpabilisation. De la manipulation. Ne me manipule pas, enfoiré. Mon vagin s'en souvient très bien. Mon corps s'en souvient très bien. Il est scientifiquement prouvé que la mémoire d'un fait s'altère chaque fois que nous faisons appel à elle, *mais* le corps garde des souvenirs beaucoup plus fiables que la mémoire. Les femmes savent quand elles ont été agressées émotionnellement, physiquement ou verbalement. Et aucun homme n'a le droit de prétendre le contraire. Nos corps tremblent, brûlent, et réagissent de bien d'autres manières encore quand ils se souviennent. Nos muscles n'oublient pas. Nous savons que nous avons été violées à la façon dont notre corps réagit. Même bourrées, nous connaissons la différence entre un rapport consenti et un rapport non consenti — le corps le ressent TOUJOURS pendant et après.

L'acteur en question m'a depuis présenté ses excuses, et je les ai acceptées sans réserve. Il n'y a aucune dette de sang entre lui et moi. C'est un type super. J'ai toujours autant de respect pour le travail d'Araki, et je lui suis reconnaissante de m'avoir donné ma chance. Mais sur un plateau, tout le monde devrait être respecté, pas seulement les mâles.

La productrice était une jeune femme, à cette époque, même si elle avait une dizaine d'années de plus que moi. Je l'ai recroisée, longtemps après, et je lui ai reparlé de cette histoire, et du fait que j'avais été très déçue qu'elle n'ait pas pris pas la défense d'une jeune fille.

Ce schéma s'est reproduit film après film. C'était comme si on ne me voyait pas vraiment. J'étais juste « la fille », et ça ne posait aucun problème à personne que je me fasse maltraiter. Mais ça en pose un. J'ai donc fait la seule chose qui était en mon pouvoir : j'ai fait semblant d'être un des personnages des livres que je lisais quand j'étais petite. J'ai créé mon propre personnage pour jouer dans le film que j'avais dans la tête. Avec le temps, j'ai pris conscience que mon film intérieur était souvent bien plus intéressant que ceux dans lesquels je tournais. J'en suis venue à considérer que je me livrais à une performance artistique dans l'univers d'autres gens, comme Cindy Sherman, qui dans ses photos se transforme en d'autres personnes, fait l'expérience d'autres vies. C'était la partie de mon métier que je préférais, mais surtout une façon de conserver ma santé mentale.

Dans *The Doom Generation*, j'ai dû tourner une scène de sexe à trois, ce qui s'est révélé presque comique, dans la mesure où on était tous en bas de jogging et en chaussons et qu'on se contentait de faire les bruits adéquats. À l'écran, c'est très sensuel, mais, dans la réalité, ça avait des allures de fétichisme sexuel inquiétant que j'avais du mal à expliquer. À l'époque, je croyais que le langage utilisé dans le film était à 95 % de l'argot inventé. Des années plus tard, quand j'ai commenté le film pour les bonus de l'édition en DVD, j'ai enfin compris ce que je disais réellement dans les dialogues. Bordel de Dieu. Pas étonnant que mon père ait éjecté Gregg Araki du Festival international du film de Seattle et essayé de lui casser la gueule.

En janvier 1995, je suis allé à mon premier Festival du film de Sundance avec *The Doom Generation*. L'excitation était palpable dans l'air vif des montagnes de Park City. Certains étaient si perturbés par le film qu'ils quittaient la salle en pleine projection. Le public était divisé — rien de tel qu'un peu de nihilisme pour faire flipper les gens. J'adorais ça. Malgré ce que j'avais pu expérimenter sur le plateau, j'étais convaincue qu'Araki et toute l'équipe du film avaient créé quelque chose de génial et de différent. Je serais par la suite nommée aux Independant Spirit Awards (les Oscars du cinéma indépendant) dans la catégorie meilleur espoir féminin.

Il y avait des avocats partout, à Sundance. Je ne comprenais pas pourquoi ils me donnaient tous leur carte de visite. Cela m'a rappelé la rue, avec ces trolls qui rôdaient autour de moi, comme si j'étais leur proie. Pourquoi est-ce que j'aurais eu besoin d'un avocat ? J'étais arrivée dans cette industrie par hasard, donc je n'en connaissais pas les « règles ». Normalement, on débarque à Hollywood, on intègre une école de comédie, on suit des ateliers dans le but de se faire remarquer par un agent, on commence par essayer de décrocher une pub, puis une réplique dans un téléfilm, un rôle de cadavre ou autre, ensuite on fait des apparitions dans des films mineurs, on dégotte un petit rôle dans un film indépendant, puis un rôle plus important pour enfin prétendre au Saint-Graal, devenir la vedette d'une série télé ou d'un film. En montant les barreaux de l'échelle un à un — ce qui demande en général des années et pas mal de bol —, on apprend à repérer les requins. Mais pas moi. J'étais un bébé dans le métier, j'évoluais dans des eaux que je connaissais mal. Je n'avais jamais entendu les rumeurs disant quels tordus il fallait éviter, à qui accorder sa confiance — si une telle chose était possible. J'étais tellement ignorante des règles du jeu qu'il ne m'était même pas venu à l'esprit qu'on puisse me mentir ou vouloir me faire du mal. Je ne savais pas que j'aurais dû être terrifiée par ceux qui me souriaient et me tendaient la main.

J'ai donc été approchée à Sundance par un avocat, un type petit avec des bottes de cow-boy, qui m'a expliqué pourquoi j'avais besoin de quelqu'un comme lui. On a signé un contrat et il m'a trouvé un agent. C'est parti de là.

Ils m'ont immédiatement mise sur un film avec Pauly Shore, car j'avais besoin d'argent pour le loyer. Certes, j'avais eu un premier rôle dans un film, ce qui est synonyme de richesse et de célébrité pour la plupart des gens, mais en réalité j'arrivais tout juste à me payer un appartement minuscule que je partageais avec Julie, une Australienne de 1,85 mètre aux cheveux blond platine coupés court, qui ressemblait à un toucan géant, toujours en train de brailler. Je l'adorais.

Étant désormais officiellement une actrice, je me demandais quand la « fièvre du métier » me saisirait. J'avais lu des choses sur les acteurs et leur passion pour leur art, et j'attendais que ça me tombe dessus. J'aimais tellement le cinéma, j'aimais évoluer sur un plateau et être capable de faire des choses qui affectaient les gens et leur façon de penser, mais la fièvre ne venait pas.

Les indignités qui allaient avec le métier d'actrice me dégoûtaient profondément. Vous savez ce que c'est, d'aller à un entretien d'embauche, le stress, le malaise que cela implique ? Eh bien, imaginez maintenant que, durant cet entretien, on vous demande de fondre en larmes ou de rire comme une cinglée, tout en restant sexy. Imaginez qu'on vous oblige à faire des choses humiliantes, comme de pivoter sur vous-même pour qu'un groupe de mecs vous matent le cul et les seins en faisant croire que c'est pour le rôle.

Les auditions ont toujours été pour moi quelque chose de traumatisant. Ça me rappelait la scène du couloir de mon enfance, dans la secte. Voilà le décor : je marche le long d'un autre couloir, le cœur déjà emballé et le souffle court. Il y a peut-être dix femmes d'un côté, autant de l'autre, assises sur de petites chaises pliantes, sous les néons. Toutes portent une robe minuscule et des talons hauts, ou alors elles essaient de ressembler au rôle qu'elles veulent tenter de décrocher, peu importe lequel. La honte m'envahit quand je dois tendre les mains et demander aux hommes qui président l'assemblée de me choisir. Je déteste ce rituel. J'en exècre chaque seconde. Les femmes me jettent un coup d'œil et font tout pour m'envoyer leurs ondes négatives. J'ai l'impression qu'on me retire la peau avec des aiguilles, car je suis dans une audition libre et je ne vois pas ce que je dois affronter.

Le soir précédent, j'ai travaillé dur pour mémoriser les deux scènes d'un scénario qu'un médiocre trou du cul a écrit en se croyant génial. Peu importe, j'ai besoin de ce job. Je suis censée crier et gémir pour le rôle. Me voilà assise à l'extérieur, dans le couloir, avec ces dix ou vingt actrices. De l'intérieur de la salle de casting me parviennent des cris étouffés. J'essaie d'oblitérer la pleureuse. Après une heure et quelques d'attente, c'est mon tour. On m'appelle. Mon cœur se met à battre encore plus vite. Je transpire des mains, et ma poitrine rougit ; je sens les taches de couleur poindre.

J'entre dans une petite pièce cubique ; il y a une caméra pointée sur moi. Cinq hommes, une directrice de casting et un assistant caméraman. D'autres néons hideux. Je me demande comment quiconque peut décrocher un rôle sous une lumière pareille. Je salue tout le monde dans le minuscule intervalle de temps dont je dispose pour les impressionner. Mes mains tremblent sur les feuilles du scénario. La vérité, c'est qu'ils savent déjà très probablement qui ils vont engager. À l'instant même où j'auditionne, ils attendent la réponse de plusieurs stars ; ils continuent les auditions pour avoir un plan B. Je sais qu'ils veulent un nom plus ronflant. Je me raccroche à la possibilité qu'ils me prennent, si jamais quelque chose allait de travers.

Je me lance, et je me mets moi aussi à crier et à gémir au moment approprié. Je me demande si tout le monde ici pense la même chose que moi, et puis je me dis que sans doute pas, car il se peut que ces gens aient sincèrement envie d'être là à cet instant précis. Étant devenue actrice accidentellement, ce n'est pas mon cas. Je trouve ça atrocement humiliant, et je déteste être traitée comme du bétail, une parmi tant d'autres. Des larmes roulent sur mes joues. On me demande de rejouer la deuxième scène. Est-ce bon signe ? « Merci, Rose, ça nous a fait plaisir de te voir. » La directrice de casting me congédie. Je lui serre la main et je dis : « Merci. OK, au revoir. » Après tous ces cris et ces gémissements, je vais réintégrer mon corps, mon pauvre corps qui ne sait rien de ce qui se passe, et encore moins pourquoi j'ai fait remonter ces émotions intenses.

À présent, je dois de nouveau affronter le couloir, sous le regard des autres actrices. Je bous intérieurement. Je descends la rue en quête d'une poubelle où jeter mes pages de scénario. Je le fais toujours le plus vite possible, pour que personne ne puisse se douter que je suis une actrice ; je ne veux pas alourdir mon chemin de croix. Dans deux jours, j'ai une autre audition et je vais devoir recommencer.

On m'a envoyée passer l'audition pour le rôle de Tatum Riley dans *Scream*. J'espérais qu'on ne me demanderait pas de m'allonger sur quelqu'un, cette fois. Heureusement, ça s'est limité aux cris et aux pleurs habituels, et je m'en suis plutôt bien sortie. Mon agente m'a appelée : on me proposait 50 000 dollars pour le rôle. La vache ! C'était la première fois que j'allais gagner autant d'argent. L'usage voulait que mon avocat fasse une contre-offre à 100 000, et tout le monde tomberait d'accord à 75 000. Mais mon avocat leur a demandé 250 000. Ça a tellement crispé le directeur du studio qu'il a voulu me faire refaire trois auditions filmées, quand bien même j'avais déjà eu une offre. Je pense qu'il voulait m'humilier et me sanctionner parce que mon avocat avait prétendu en avoir une plus grosse. C'est comme ça que ça marche. On punit la fille pour le comportement de son représentant.

Avant que j'aie pu refaire mon audition, ils avaient

engagé Neve Campbell, une actrice aux cheveux bruns. J'ai pensé : *Et merde, ils ne vont jamais me prendre, vu que je suis brune, moi aussi.* Telles sont les règles. J'ai lâché à la productrice — blonde — que je songeais à me teindre les cheveux de cette couleur. Tous les regards se sont éclairés, *ding, ding, ding.* Il ne peut y avoir plusieurs filles à l'écran que si elles ont des couleurs de cheveux différentes, vous comprenez, sans ça le public, bête comme il est, risque de les confondre.

Je n'avais aucune envie de me teindre les cheveux, mais je savais que c'était le seul moyen de décrocher le rôle. Une des productrices m'a aussitôt emmenée chez son coiffeur, qui a fait de moi une blonde du Midwest. Mon plan a fonctionné. On m'a officiellement proposé le rôle, mais pour moins que tous mes homologues, conséquence de leur concours de bites. Après avoir payé mon agente, mon manager et mon avocat, il m'est resté dans les 12 500 dollars. Mais ça restait quand même mon plus gros cachet.

Mon personnage mourait, dans *Scream*, mais je voulais faire d'elle davantage qu'une jeune femme jetable dans un film d'horreur. Tatum Riley susciterait de la compassion dans le cœur des gens. Elle n'irait pas au tapis sans se battre. Je voulais qu'on se souvienne d'elle en tant qu'être humain.

C'est un lieu commun de dire qu'on est complètement déconnecté quand on regarde un film d'horreur. Surtout, ne rien ressentir si quelqu'un meurt dans d'atroces circonstances ! Si vous croyez que ça n'a aucune conséquence sur la façon dont vous appréhendez les choses dans la réalité, vous vous mentez à vous-même. L'indifférence à l'égard de la violence faite aux femmes vient très tôt, et si elle n'entre pas par la porte de chez vous — ce qui, je l'espère, n'est pas le cas —, elle s'invite à travers la télévision et le cinéma. Le premier *Scream* réussissait parfaitement à provoquer une réelle *empathie* pour les personnages. Nous n'étions pas jetables.

Je suis fière d'avoir créé un personnage inoubliable et l'une des morts les plus mémorables de tous les temps à l'écran.

Je suis aussi fière d'avoir fait moi-même la cascade dans la scène de la porte du garage, celle où Tatum meurt. J'ai fini avec des bleus plein les épaules et tout autour de la taille, mais je savais que ça rendrait mieux.

Quand je suis arrivée sur le plateau de *Scream*, devinez sur qui je suis tombée ? Le même connard qui m'avait agressée sexuellement sur le tournage de *Class of 1999*. Quand il m'a vue, il m'a dit : « On s'est déjà vus quelque part, non ? » Mon cœur s'est emballé. Mais avec mes cheveux blonds, il ne me reconnaissait pas. Il a été remplacé une semaine après le début du tournage, ce qui m'a incroyablement soulagée.

En dehors de ça, le plateau de *Scream* était un véritable refuge pour moi. Wes Craven était un homme particulier et complexe. Il avait grandi en parlant en langues dans une église baptiste. Il venait de l'Ohio, où il exerçait le métier de professeur, puis il avait déménagé avec sa femme et ses deux enfants en bas âge à New York, où il avait accompli son rêve en devenant chauffeur de taxi. J'ai le plus grand respect pour ça. Il traitait les acteurs comme ses égaux, ce qui créait une ambiance très spéciale. Wes Craven était la bienveillance incarnée, un vrai gentleman. Je croyais que tous les films mis en scène par des stars étaient comme ça. Je me trompais.

Nous avions tous conscience que nous étions en train de créer quelque chose de magique, mais aucun d'entre nous n'aurait pu prévoir le phénomène qu'est devenu *Scream*. Moi la dernière, qui ne connaissait rien aux chiffres du box-office et à ce genre de choses.

J'ai eu un chiot, une femelle terrier de Boston que j'ai

appelée Bug, une semaine avant que commence le tournage de *Scream*. Bug était une chienne carrément tripante. Elle était à vendre au Beverly Center, un centre commercial affreux et gigantesque à Los Angeles. Un jour que j'y passais, j'ai remarqué cette petite chose noir et blanc avec ses deux immenses yeux qui ne regardaient pas dans la même direction et ses pattes coincées entre les barreaux de sa cage de métal. Quand j'ai vu son prix, et compris qu'elle avait été mise au rabais deux fois, j'ai pensé : *Je sais ce que c'est. Cette chienne est pour moi.*

Wes Craven est tombé amoureux d'elle, comme moi. Elle a grandi sur les plateaux. Elle comprenait qu'elle ne devait pas faire de bruit pendant les prises ; elle était parfaite. Elle restait absolument immobile, sans même faire tinter son collier. Il existe beaucoup de photos d'elle, seule ou avec Fester, un autre Boston que j'ai pris deux mois plus tard. Ils ont été immortalisés par Bruce Weber, Ellen von Unwerth, David LaChapelle, certains des plus grands photographes de tous les temps. Je peux vous dire qu'elle faisait son effet, sur les plateaux. Elle y ajoutait ce petit surplus de peps et de bizarrerie.

Peu après le tournage de *Scream*, je suis allée chez le dentiste. J'étais allongée sur le dos, la bouche grande ouverte, dans un cabinet dentaire chic de Beverly Hills, quand le mec a déclaré : « Vous n'avez pas la dentition d'une star de cinéma. » Et je l'ai cru, même si ça ne m'avait visiblement pas empêchée d'en devenir une.

Comme si j'avais envie d'un sourire hollywoodien à la con comme le sien, avec ses faux chicots trop blancs qui grinçaient à la perspective de me soutirer un gros chèque. Voilà ce que pensait mon vrai moi, mais comment voulez-vous garder votre vrai moi intact quand tout, dans le système hollywoodien, le monde des médias et le bourrage de crâne que la société impose aux jeunes femmes, vous pousse à vous en débarrasser ?

L'idée que je n'avais pas les dents d'une star de cinéma a fini par m'obnubiler. J'étais sûre que lorsque *Scream* sortirait, personne ne pourrait manquer mes dents d'un mètre cinquante complètement de traviole. À la première du film, je n'arrivais pas à me concentrer sur autre chose que sur mes dents pourries. J'aurais dû me dire que j'étais bel et bien une star de cinéma, malgré mes dents tordues, mais je ne pensais pas comme ça. J'ai donc décidé de me les faire redresser, et je le regrette sincèrement. Notamment parce que cette idée m'avait été implantée dans le crâne. Cette connerie de lavage de cerveau avait commencé pour de bon.

Ce qui était en jeu, c'était que mon visage allait voyager sur les écrans du monde entier et influencer le reste de la population dans le sens d'une homogénéisation. Je n'avais pas conscience qu'en apparaissant sur grand écran, je représentais toutes les femmes. C'était mon rôle. Mais je ne le savais pas encore. Et mes dents parfaites faisaient partie du message.

LA MORT DU MOI

Pour la plupart des gens, la vie est jalonnée d'expériences marquantes ou d'événements qui deviennent autant de repères : le lycée, le bal de promo, la fac, le mariage, ce genre de trucs. Les miens se réduisent à leurs versions cinématographiques. Alors que j'avais découvert la fac à travers *Scream*, *Jawbreaker*, que j'ai tourné juste après, me renvoyait au lycée. Ce serait le seul bal de promo que je connaîtrais.

En fait, mon personnage, Courtney Alice Shayne, ne se contente pas d'aller au bal de promo dans une robe à tomber par terre, elle devient la reine du bal. Tout se déroule bien jusqu'à ce que quelqu'un passe un enregistrement dans lequel Courtney confesse s'être rendue coupable d'un meurtre. Alors, tous les étudiants lui tombent dessus à bras raccourcis en la couvrant d'insultes.

Tel était mon bal de promo. J'adorais mon personnage. Elle était amorale, mais je suppose que les sociopathes n'ont pas vraiment conscience de leur nature. Tout ce qu'elle pensait, c'était : *Et alors ?*

J'ai vu un film classique, *Péché mortel*, dans lequel l'actrice Gene Tierney incarne une sociopathe. On la voit notamment pousser un enfant en fauteuil roulant du haut d'une falaise. Quand son mari lui demande : « Pourquoi as-tu fait ça à Timmy ? », elle répond : « Mais chéri, nous avions besoin de passer plus de temps ensemble. » J'ai toujours trouvé ça bizarrement hilarant. Je me suis inspirée d'elle, que je considère comme l'un des meilleurs personnages du cinéma classique, pour créer Courtney Alice Shayne. Avec Darren Stein, le génial scénariste et réalisateur de *Jawbreaker*, j'ai fait de Courtney Shayne un personnage culte. Les autres filles ont aussi fait un travail formidable.

En 1997, j'avais aussi commencé à jouer dans *Phantoms*. Alors que le tournage n'était pas encore terminé, on m'a envoyée au Festival de Sundance, fin janvier. Cette fois, c'était moi la reine du bal. J'avais quatre films projetés : un court-métrage et trois longs.

L'un d'eux était *Going All the Way*. C'est un joli petit film qui se passe dans les années 1950. Le chef décorateur, le costumier et le réalisateur étaient géniaux. Jeremy Davies, avec qui j'étais amie avant le début du tournage, interprétait le rôle principal. Je devais faire une scène topless avec lui, dans laquelle j'essaie de l'exciter, mais il n'arrive pas à bander. Ayant déjà eu des scènes topless dans *The Doom Generation*, je pensais que cette fois, ce serait plus facile, d'autant que je connaissais bien l'acteur. Mais ça s'est révélé encore plus difficile. J'avais beaucoup plus de mal à me détacher de mon corps, comme je l'avais fait dans *The Doom Generation*. Cette fois, je percevais tout. J'ai pleuré après la prise.

Lors de la première de *Going All the Way* à Sundance, je me suis assise à ma place, le cœur battant à cent à l'heure à l'idée de me voir à l'écran, ce à quoi je n'arrivais pas à m'habituer. Ma manager, Jill, assise à côté de moi, m'a chuchoté que le directeur du célèbre studio Miramax se tenait juste derrière moi. Miramax, propriété de Disney, était une compagnie surpuissante, qui détenait celle qui avait produit *Scream* et qui produisait aussi *Phantoms*. C'était mon second film avec Ben Affleck, car il était aussi dans *Going All the Way*. Les lumières se sont éteintes dans le cinéma. J'avais vu le nom du directeur du studio dans le générique de *Scream*, mais je ne connaissais pas son visage. Je ne voulais pas me retourner et risquer de montrer ouvertement que je le cherchais du regard. Je suis donc revenue au film. La scène topless est arrivée, et j'ai souhaité que le sol s'ouvre sous mes pieds. Elle avait été si dure à tourner ; la revoir me rappelait les larmes que j'avais versées après.

À présent, nous connaissons tous le nom du Monstre, mais j'ai fait le choix de ne pas l'utiliser. Je n'aime pas le nom du Monstre et, bien que je le connaisse, et que vous le connaissiez peut-être aussi, je refuse qu'il figure dans mon livre.

Quand la projection s'est terminée, le directeur du studio n'était plus là ; il avait dû partir plus tôt. Jill était surexcitée de me dire qu'il m'avait convoquée à un entretien le lendemain matin, à 10 heures, à l'hôtel le plus chic de Park City, le Stein Eriksen. Je devais le rencontrer au restaurant. Plus tard, je me demanderais si le rendez-vous avait été arrangé *pendant* que nous regardions le film. Jill m'a expliqué que le directeur du studio était un faiseur de stars notoire, et que j'avais là une chance unique de l'impressionner. Je lui ai fait remarquer que, puisque je jouais dans deux films qu'il avait produits, on pouvait raisonnablement penser que je lui avais déjà fait bonne impression. Pourquoi est-ce que je devais absolument aller à ce rendez-vous ? Mais elle a insisté, alors j'ai dit oui et l'entretien s'est ajouté à mon planning du lendemain, déjà bien rempli. Jill m'a confié que cet homme exerçait une « influence » énorme à Hollywood ; la façon dont elle parlait de lui, extatique, ne laissait planer aucun doute à ce sujet. Ce qui se passait à ce niveau élevé de l'industrie du cinéma m'était inconnu, et je ne savais rien de cet homme ni du type d'influence dont on parlait. J'ignorais ce dont beaucoup de gens étaient déjà au courant, à savoir qu'il était un prédateur et que je m'apprêtais à tomber dans un piège — un piège qui a marqué le début de vingt ans de conspiration et de collusion.

Le lendemain matin, je me suis levée tôt, prête pour mon entretien, avant d'enchaîner avec toutes les interviews que je devais donner pour les trois autres films que je défendais à Sundance. Le simple fait de penser à tout ce qui m'attendait m'angoissait, mais la présence de Jill à mes côtés me rassurait. Je m'en sortirais.

J'ai beaucoup repensé à ce jour où ma vie a été détournée de sa course par le mal. Une équipe de MTV me suivrait jusqu'au soir. Leur reportage s'intitulait « Une journée avec Rose McGowan ». Ces journalistes devaient m'attendre devant l'hôtel le temps que j'en finisse. Je m'en voudrais pendant des années d'avoir déclaré face caméra, juste avant de me rendre à ce fatidique « rendez-vous » : « Je crois que ma vie va enfin devenir plus facile », avec un grand sourire naïf.

Maintenant que je m'étais assuré une certaine stabilité financière et que j'évoluais dans un cadre agréable, je pensais que la vie serait plus douce. J'en avais marre de survivre, d'avoir peur, d'avoir mal, d'être blessée. Je voulais monter en flèche, m'envoler, être libre. Mais au lieu de ça, j'ai été condamnée à la prison.

J'ai fait un petit signe à la caméra, je suis entrée dans l'hôtel et je suis allée dans le restaurant. J'ai lancé un « Bonjour ! » enjoué au maître d'hôtel, qui avait un air lugubre. Il m'a informé que le directeur du studio était retenu par un coup de fil, qu'il travaillait depuis le bureau de sa suite, et que j'étais censée le rejoindre là-haut et attendre qu'il ait fini. Je lui ai souri et je l'ai remercié, mais il s'est retourné sans me rendre mon sourire. Je me rappelle avoir pensé qu'il n'était pas très sympa.

J'ai trouvé le bon numéro de chambre et j'ai frappé. Deux hommes, des assistants, m'ont ouvert. Là encore, j'ai lancé joyeusement « Bonjour ! », mais ils n'ont rien dit et ont baissé la tête. J'ai pensé : *La vache, eux non plus ne sont pas très sympas.* Ils sont sortis en silence et m'ont laissée entrer seule dans la chambre.

Par « chambre d'hôtel », la plupart des gens imaginent un lit, une armoire et une petite salle de bains. La suite du Monstre occupait tout l'étage. Quelque chose comme trois cents mètres carrés, l'équivalent d'une grande maison. Rien à voir avec l'image traditionnelle qu'on se fait d'une chambre d'hôtel.

J'ai pénétré dans le plus grand salon que j'aie jamais vu. Mon patron, le directeur du studio, s'y trouvait, assis au bout d'un gigantesque canapé et parlant fort dans un téléphone. Il m'a fait signe de m'asseoir. J'ai attendu qu'il termine son coup de fil pendant cinq minutes. J'ai eu le temps de l'étudier. Je l'ai immédiatement trouvé repoussant.

Le directeur du studio était tout sauf attirant ; dire qu'il ne gagnerait jamais un concours de beauté serait l'euphémisme du siècle. Ou peut-être un concours de beauté en enfer. Il pourrait prétendre au prix de la monstruosité. C'est une personne aux dimensions gargantuesques, verticalement et horizontalement, dotée d'une peau grasse, d'un visage grêlé, d'un nez bulbeux et de lèvres violacées. Son œil droit s'ouvre moins que le gauche, ce qui lui donne en permanence un regard oblique. Il me faisait penser à un ananas fondu.

Il pourrait incarner le croque-mitaine de vos pires cauchemars.

Il est devenu le mien.

Je me suis posée sur le bord d'un canapé, et il est venu s'asseoir à un mètre cinquante de moi, sans cesser de crier dans son téléphone. Je gardais les yeux rivés au plafond pour ne pas regarder son visage. Le coup de fil s'est terminé et notre rendez-vous a commencé. J'étais décidée à faire ce en quoi j'excellais : utiliser mon esprit et mon intelligence pour prouver que j'étais différente des stéréotypes qu'on associe habituellement aux actrices. J'avais beau être au début de ma carrière, rien ne m'agaçait plus que les clichés qu'on nous colle. J'étais certaine que nous serions appelés à travailler ensemble pendant encore de nombreuses années, et que nous étions là pour poser les jalons de ma grande carrière à venir. C'est en ces termes que ma manager avait parlé de ce rendez-vous. Et c'est ce que, avec toute ma sincérité et tout mon enthousiasme, j'en attendais. Si vous êtes en plein milieu d'une deuxième mission très importante pour le compte de votre employeur, vous aurez tendance à penser que vous êtes un employé de valeur et qu'un futur merveilleux vous tend les bras, non ? Avec le recul, je voudrais prendre dans mes bras cette jeune fille si naïve. Je croyais vraiment qu'il s'agissait d'un entretien professionnel et que ce sale type s'intéresserait à ce que j'avais à dire. Comme je me trompais.

Plus tard, je découvrirais que d'autres actrices avaient été prévenues de ce qui pourrait se passer si ce directeur de studio vous convoquait. Plus tard, je découvrirais bien des choses. Ce que moi, jeune débutante dans l'industrie du cinéma, je ne savais pas, c'est que cette hideuse créature avait un passif long comme le bras en matière de harcèlement. Même en 1997, c'était un secret de polichinelle. C'est triste à dire, mais il semble que tout le monde dans le métier savait que si vous étiez convoquée à un rendez-vous, les choses ne se dérouleraient pas comme vous l'aviez espéré.

Mais *moi*, je ne connaissais ni les présages, ni les secrets, ni les rumeurs, ni les signaux d'avertissement. Plus jeune, j'avais appris à rester sur mes gardes vis-à-vis des trolls. Il ne me serait jamais venu à l'idée que Hollywood abritait en son sein le pire d'entre eux. Que ces gens élégants étaient en réalité plus dangereux que les pauvres cons qu'on croisait dans la rue. Ces gens arborant des costumes à 3 500 dollars pouvaient se montrer bien plus malveillants qu'un mec qui vous drague pour tirer son coup vite fait dans une ruelle.

Vous savez pourquoi ? Parce que ce sont ces sales types qui répandent leur pourriture sur notre monde.

Le directeur du studio m'a demandé quel genre de projet m'intéressait. *Quelle question banale*, j'ai pensé. J'ai répondu que je voulais faire des choses qui comptaient. Il avait l'air malin mais bourru, presque brutal, et pas particulièrement bien élevé. Porcin, pour tout dire. J'étais estomaquée par ses proportions et par sa laideur. J'ai donné le change en parlant de mon amour du cinéma classique. Sans transition, il m'a dit qu'il avait un jacuzzi dans sa suite. Okaaay, un peu hors sujet, non ? J'ai pensé que c'était une façon d'étaler sa richesse, et j'ai trouvé ça de mauvais goût. Je n'avais pas compris que ça faisait partie du plan. Ne sachant pas quoi répondre, j'ai poursuivi mon histoire. Vers 10 h 30, on en avait terminé, et il a proposé de me raccompagner jusqu'à la sortie. *Eh bien, ça ne s'est pas trop mal passé*, me suis-je dit. C'était mon premier rendez-vous avec une huile. Il me tardait de tout raconter à Jill. Je pensais qu'elle serait fière de moi.

Je suis sortie du salon pour m'engager dans un long couloir. Alors qu'il marchait derrière moi, ses proportions gigantesques paraissaient encore plus menaçantes. Je mesure 1,62 mètre. Lui devait faire plus de 1,90 mètre de haut et autant de large. Il pesait sans doute trois fois mon poids, sinon plus.

Je me concentrais déjà sur ma prochaine tâche, l'interview de débriefing. La caméra de MTV m'attendait à l'extérieur pour me filmer sortant de l'hôtel. J'espérais que mon maquillage tenait le coup. Toujours dans le couloir, on passe devant une porte. Soudain, il m'arrête et me dit : « Le jacuzzi est là. » Je ne sais pas comment réagir, alors je regarde poliment à l'intérieur et je lui dis que je trouve ça joli. Je ne comprends pas pourquoi il tient à me montrer cet endroit. Tout le monde sait à quoi ressemble un jacuzzi. Je débite quelques onomatopées appropriées. Il fait super chaud et humide.

Je sens une main dans mon dos qui me pousse dans la petite pièce sombre et surchauffée. À ce moment-là, tout se déroule très rapidement, et pourtant comme au ralenti. Je me demande confusément ce que je fais là. J'étouffe. Il se tient devant moi, occupant tout l'espace entre les murs lambrissés. Tout se passe si vite. Je suis dépouillée de mes habits. Je me recule contre le mur, mais il n'y a nulle part où aller. Je me fige, comme une statue. Je ne sais pas ce qui est en train d'arriver ; ses mains font passer mon pull-over par-dessus ma tête, avant de baisser mon pantalon. Il se penche et m'enlève mes chaussures. Me voilà nue. J'ai l'impression que tout cela n'a pris que trente secondes. Mon cerveau essaie de rattraper son retard. Des alarmes se mettent à hurler dans ma tête. Il ôte ses vêtements. Qu'est-ce qui se passe, bordel ? Il me soulève et m'assoit au bord du jacuzzi. Je suis nue, les jambes plongées dans l'eau chaude jusqu'au genou. Je me recroqueville sur moi-même. J'ai fait ce que tant d'autres font dans une situation traumatisante, je me suis dissociée de moi-même et j'ai quitté mon corps. Je me suis élevée au-dessus de lui. Il entre dans l'eau avec un gros splash. Il me repousse contre le mur. Je serre les genoux l'un contre l'autre. Il pose les mains dessus et m'écarte les jambes. Je suis grande ouverte devant un monstre. Plus nue que je ne l'ai jamais été, littéralement. Il positionne son visage de monstre entre mes cuisses. Les alarmes continuent de rugir dans ma tête, *Réveille-toi, Rose, réveille-toi, Rose.* Mais j'étais pétrifiée comme une statue, une statue aux jambes écartées.

Quiconque a été victime d'une agression sexuelle vous le dira : le traumatisme perturbe votre notion du temps et votre mémoire. On se rappelle certains détails avec une incroyable acuité — la forme des dalles du carrelage, la nuance de jaune de la lumière, la forme obscène d'un nez dont les proportions jurent avec le reste du visage auquel il appartient —, mais la chronologie générale peut contenir des trous d'une noirceur abyssale. Chaque seconde, infernale, s'étend à l'infini, alors que tout semble se produire en un instant. Et votre vie n'est plus jamais la même. Ma vie ne serait plus jamais la même.

Déconnectée de mon corps, je flotte sous le plafond et je m'observe, assise au bord du jacuzzi, adossée au mur, maintenue dans cette position par le Monstre dont le visage s'agite entre mes jambes. Piégée par une bête. Dans cette toute petite pièce avec cet homme gigantesque, mon esprit est vide. *Réveille-toi, Rose. Sors de là.*

J'essaie de donner un putain de sens à ce qui est en train de se passer. Comment est-ce que je me suis retrouvée là, dos au mur ? À quel moment mes habits m'ont été enlevés ? Je ne sais pas quoi faire. Ça ne s'arrête pas. Ma peau semble vouloir se détacher de moi. Sa langue dégoûtante est À L'INTÉRIEUR de moi. Oh mon Dieu. Des larmes roulent sur mes joues. Des éclaboussures volent en tous sens car il se tripote sous l'eau. D'une main, il me tient, de l'autre, il se masturbe. Sa langue me pénètre à nouveau.

Réveille-toi, Rose. Mon cerveau se met en branle. L'instinct de survie me donne un grand coup de pied, et je cherche désespérément un putain de moyen de m'en sortir et de mettre un terme à tout ça. Ses lèvres font des bruits répugnants sur moi. Sa grosse langue dépose de la salive partout sur mes parties les plus intimes. *Oh mon Dieu, faites que ça s'arrête.* Aucune idée ne me vient, mais je repense à cette scène de *Quand Harry rencontre Sally* dans laquelle Meg Ryan simule un intense orgasme. C'est donc ce que j'ai fait. J'ai fait semblant d'avoir un orgasme. Je me suis mise à gémir sans discontinuer, le visage couvert de larmes mêlées de sueur. Lui aussi pousse un gémissement ;

à travers toute cette eau, je vois sa semence flotter à la surface des bulles.

L'orgasme simulé fonctionne. Il semble satisfait et me lâche ; j'ai les jambes qui flageolent. Il m'ordonne de me rhabiller. J'attrape une serviette et je me sèche en vitesse, du mieux que je peux. Je tremble des pieds à la tête.

Je tente de retrouver mes vêtements. Je suis en état de choc, mes mouvements sont mécaniques. Je flotte toujours quelque part au-dessus, je n'ai pas complètement réintégré mon corps. J'essaie d'enfiler mes habits et de comprendre ce qui vient de se passer. Comme une course dont vous n'arrivez jamais à rattraper les autres participants. Ma vie vient juste d'être déroutée, détournée.

Plus tard, lorsque je me repasserai le film encore et encore, je reverrai ces hommes que j'ai croisés en chemin. Le maître d'hôtel au visage lugubre, les assistants qui ne m'ont pas regardée. Ils sont aussi coupables que lui. Je les hais tout autant.

Je titube hors de l'hôtel, toujours en état de choc. L'équipe de MTV est là, caméra en action. La première chose que je vois en sortant, c'est leur micro tendu vers moi et le reporter qui me demande comment ça s'est passé. La séquence existe, quelque part. J'espère que je ne la verrai jamais. On m'emmène tout de suite après à une séance photo où m'attend l'acteur avec qui je partage l'affiche de *Phantoms*. Je tremble, mes yeux sont remplis de larmes ; quand je confie à mon partenaire d'où je sors, il me dit : « Bordel de merde. Je lui ai dit d'arrêter ça. »

Je ne me souviens pas de grand-chose d'autre de cette journée, sinon que j'ai pris un billet d'avion et que je suis rentrée chez moi. Je voulais retrouver Ingrid, ma meilleure amie, qui avait aussi été victime d'une agression sexuelle. Elle m'écouterait.

Le Monstre avait entendu dire que j'avais quitté la ville et il essayait de me joindre. Il me laissait des messages dans lesquels il m'annonçait que j'étais sa nouvelle amie intime. Il citait d'autres grandes actrices qui avaient travaillé avec lui, qui avaient remporté des Oscars, des amies intimes, elles aussi.

J'ai vomi en entendant sa voix. Il était hors de question que je le rappelle.

Je me sentais si sale. J'avais été violée. Une tristesse infinie s'était emparée de moi. Je n'arrêtais pas de penser au soir de la projection, lorsqu'il avait été assis derrière moi. Comme si, d'une certaine manière, quoique à mon insu, j'avais contribué à le tenter. Ce qui rendait la chose encore plus dégueulasse. C'est un sentiment partagé par d'autres victimes. On se repasse le film encore et encore, rejetant la faute sur nous-mêmes. Si seulement, si seulement, si seulement.

Je repensais au moment où je m'étais tournée vers la caméra de MTV et où j'avais dit que ma vie allait enfin être plus facile. Je me suis demandé si, ce faisant, je ne m'étais pas lancé une malédiction, si je ne m'étais pas porté la poisse, même si je sais que rien de tout cela n'est ma faute.

Son comportement était criminel à tous les niveaux : il était mon employeur, et j'étais son employée ; son influence dans l'industrie du cinéma était énorme, et je n'étais qu'une débutante qui commençait tout juste à en vivre. C'était un ogre aux proportions formidables, et je n'étais qu'une fille. Les larmes me viennent tandis que j'écris ces lignes.

« Je lui ai dit d'arrêter ça. » Ce commentaire m'a hantée. Tout le monde secouait la tête et détournait les yeux. Et ce n'était que le début.

*
* *

Pendant quelque temps, j'ai pleuré sans pouvoir m'arrêter. À un moment, j'ai appelé ma manager. Elle m'a conseillé de voir ça comme un tremplin pour ma carrière, sur le long terme. C'était tellement ignoble que j'en ai vomi. J'avais l'impression d'être dans une baraque de foire où tous les miroirs me renvoyaient l'image de mes pires cauchemars. La réaction de ma manager m'a encore plus fait flipper. J'étais terrifiée. J'étais tombée dans un monde arriéré, complètement tordu.

J'ai appelé l'agence qui l'employait. L'homme qui m'a répondu jouissait d'une influence considérable à Hollywood, à cette époque. Je lui ai raconté ce qui m'était arrivé. Il a dit : « Merde, je viens juste d'éviter qu'il se fasse allumer dans le *LA Times* ; il pourrait au moins se calmer cinq minutes. »

Oh mon Dieu. Cet homme aurait pu empêcher le Monstre de me faire du mal, et au lieu de ça il avait choisi de lui accorder une faveur. Mais ce n'est pas grave, n'est-ce pas ? Je n'étais qu'une fille. J'étais pétrifiée. Qui étaient ces horribles individus ?

J'ai voulu porter plainte. On m'a mise en contact avec une avocate pénaliste brutale, qui m'a dit : « Vous êtes une actrice. Vous avez tourné une scène de sexe. Vous n'avez aucune chance. Vous êtes foutue. » Ça m'a refroidie. J'étais seule. Immensément seule.

Si rendais l'histoire publique, il n'arriverait rien au Monstre, mais moi… eh bien, je ne retrouverais jamais de travail. Si je perdais ça, je serais incapable de m'assumer, et le spectre terrifiant de la rue se profilerait de nouveau à l'horizon. Rien ne m'y ferait retourner, car seule la mort m'y attendait. Et on se souviendrait de moi pour avoir révélé le nom de mon violeur, pas pour ce que j'avais accompli. Je ne voulais pas de son nom accolé au mien sur ma pierre tombale.

Je pensais beaucoup à la mort, à cette période. La mienne. La sienne. Mon monde n'était que souillure.

J'ai reçu un appel du directeur du cabinet d'avocats qui me représentait alors. J'ai dû lui raconter mon histoire une fois de plus. Montrer cette plaie ouverte à quelque autre sale type du métier que je ne connaissais même pas me faisait l'effet d'un autre viol. Le gros avocat a déclaré : « Je vous encourage vraiment à porter plainte publiquement contre le directeur du studio. Ce serait formidable. » Non, ce ne serait pas formidable du tout. Je n'avais pas perdu toute lucidité au point de ne pas me rendre compte que je deviendrais un pion dans une espèce de jeu de pouvoir entre deux puissants. Merci, mais non merci.

Malgré mon état, je réalisais que même cet homme de poids ne pouvait rien pour moi. S'il y avait trouvé son compte, un gain financier ou politique, peut-être qu'il aurait pu envisager de rompre le « code d'honneur » qui protège ces enfoirés. Mais ce n'est même pas sûr. Personne ne l'a fait, en tout cas. Pas pendant vingt ans.

Mais c'est normal. Les affaires sont les affaires. Et ce n'est. Qu'une. Fille.

Il valait donc mieux ne rien dire. Je ne serais le pion de personne. Même dans l'état lamentable dans lequel je me trouvais, je ne voulais pas ça. Je ne me rendais pas compte que j'en étais déjà un.

Depuis ma naissance, j'avais lutté pour survivre. J'avais déjà été tripotée, étreinte contre mon gré, engueulée, rabaissée, fétichisée, mais là on avait atteint un autre niveau d'outrage. J'étais dégoûtée.

Comme si ça ne suffisait pas, il fallait que je retourne sur le tournage de *Phantoms*, que j'avais dû interrompre pour mon passage fatidique à Sundance. Dans le film, je jouais une fille de seize ans, mais j'avais l'impression d'en avoir cent. Hollywood avait beau me dégoûter, je n'en étais pas moins sous contrat. Je devais entendre le nom de ce porc tous les jours, jusqu'à l'écœurement.

Qu'est-ce qu'une jeune femme impuissante comme moi pouvait faire ? Je voulais qu'il sache que je ne cautionnais pas ce qu'il avait fait. Je n'étais pas très riche. J'ai dit à mon avocat : « Je vais avoir besoin d'argent pour suivre une thérapie intensive. Et je vais en avoir besoin pour en faire don à un centre d'aide aux victimes de viol. » Mon avocat m'a obtenu 100 000 dollars. Cet argent était sale ; je l'ai largement distribué. Il ne m'a apporté aucun réconfort. Mais c'était mon seul moyen de montrer mon désaccord profond avec les agissements de ce porc.

Des rumeurs me sont parvenues aux oreilles. Par bribes. Le Monstre me blacklistait. J'ai entendu dire qu'il appelait les autres studios et les producteurs indépendants pour leur dire de ne pas m'engager, que j'étais un nid à emmerdes.

Énormément de gens ont su ce qui s'était passé. Mon histoire s'est répandue comme une traînée de poudre à travers Hollywood. Un assistant le dit à un autre assistant, un producteur en parle à un de ses confrères, etc. Apparemment, tous les sales types de Hollywood connaissaient dans le moindre détail ces moments où je m'étais sentie le plus vulnérable, le plus humiliée. Et c'est moi qu'on punissait. Qu'on violait, encore et encore.

Les gens pensent qu'on peut tourner la page. Mais le traumatisme, le viol, l'agression sexuelle fige votre esprit, si bien qu'on a toujours l'impression que ça s'est passé la veille. C'est extrêmement dur de s'en débarrasser, car une part essentielle de votre personne, celle qui fait de vous un tout, a été assassinée. J'ai réussi à trouver un certain apaisement, mais ma vie sera toujours irrévocablement liée à ce Monstre, à cause de ce qu'il m'a volé. Car son désir de domination surpasse mon droit à l'intégrité physique, mon droit à être entière. Une agression sexuelle nous empêche de demeurer celle qu'on était et nous vole la possibilité de devenir celle qu'on aurait dû être. Nous autres victimes sommes réduites à un rôle que nous n'avons jamais demandé à jouer. On élève les filles dans la crainte du viol, car la société permet au viol d'exister. En cours de SVT, on enseigne aux filles — je le sais pour l'avoir vécu — qu'il vaut mieux être soumises et dociles, de peur d'y laisser la vie. Certes, mon corps est vivant, mais celle que j'étais est morte. Mon corps en bonne santé véhicule une âme éteinte. Et les coupables restent impunis. Tout le monde préfère regarder ailleurs, c'est tellement plus facile. Et nous, dans tout ça ? Comment est-ce qu'on fait pour se reconstruire ? Qui se soucie de nous ? Arrêtez de nous apprendre à être dociles ; apprenez aux garçons à ne pas violer. À mes yeux, le viol ne peut pas être défini par une loi écrite par un homme. Comment cet homme saurait-il ce qu'est le viol ? Toute violation de mon corps est un viol. Si vous me pénétrez avec votre langue, vos doigts, votre pénis ou quelque objet que ce soit sans mon consentement, c'est un viol, et je n'ai besoin d'aucune loi pour le savoir.

J'aurais voulu redevenir la personne entière que j'étais avant. J'aurais voulu redevenir une femme forte et insoumise, mais j'étais à présent en mille morceaux. Je ne pouvais empêcher les pleurs, les cauchemars dont je me réveillais en hurlant. Je ne pouvais empêcher Hollywood d'exister. Je voulais sortir de tout ça. Pendant longtemps, mon corps a continué d'endurer des flash-backs.

LA PREMIÈRE

Après deux heures de transformation en une poupée de plastique à ma propre effigie, on me conduit jusqu'au tapis rouge dans une voiture où l'air conditionné est glacé. Alors que nous approchons de notre destination, j'entends les cris de la foule amassée sur le trottoir. J'ai les mains et les jambes qui tremblent. Je vais participer à une espèce de massacre en permettant qu'on me brutalise à grande échelle. C'est ainsi que je vis les choses. Il s'agit moins de fêter le lancement d'un projet sur lequel j'ai travaillé que de se livrer à la sauvagerie des trolls en ligne aux yeux de qui je suis coupable d'avoir le culot d'exister.

La moindre photo de moi prise aujourd'hui ira alimenter ces stupides magazines et sites people. Je vais écoper des commentaires les plus affreux. Je le sais, et pourtant je suis là. Prête à poser. J'ai la nausée. Je déteste ça.

Je sors de la voiture et je plaque un sourire sur mon visage, une expression ridicule que les photographes ont du mal à décrypter ; il m'arrive parfois d'éclater d'un rire hystérique. Je dois attendre le signal de mon attaché de presse avant d'affronter mon chemin de croix, en l'occurrence le tapis rouge. Les célébrités prises en photo sont livrées au compte-gouttes, pour ne pas se retrouver en même temps devant l'objectif. Les cris et le bruit me font trembler plus fort, et je sens mes genoux tressaillir sous ma robe inconfortable. C'est mon tour. À petits pas maniérés — mes stupides talons hauts me font déjà souffrir le martyre, mes faux cils pèsent une tonne sur mes paupières, mes cheveux bouffent comme s'ils voulaient s'élever dans les cieux —, je me dirige vers le premier photographe. Il peut y en avoir dix comme cent, presque toujours des hommes, criant, vociférant, braillant votre nom, vous agressant de toute la force de leurs poumons. Petit pas, petit pas, petit pas, un, deux, trois, stop, main sur la hanche, sourire, flash, et on recommence. Ils crient : « Par-dessus l'épaule, par-dessus l'épaule ! » afin de pouvoir cadrer mon cul et mon visage sur le même plan. Je m'exécute, je me retourne. Tiens, le voilà, mon cul. J'ai fait mon « boulot ». Cette partie de mon boulot qui consiste à se transformer en morceau de viande prêt à être consommé, disséqué, jugé. L'éclate totale.

Maintenant que j'ai survécu à la file des photographes, je passe à la presse télé comme Entertainment Tonight, Extra *ou toute autre émission qui fait l'éloge de la banalité. Les caméras me reluquent de haut en bas. On me demande de pivoter sur moi-même, une fois, deux fois, comme la bonne fille lobotomisée que je suis, et je m'exécute là encore. Je me sens ridicule en tournant lentement sur moi-même, sans savoir que j'aurais pu refuser.*

Hollywood pense que c'est normal — c'est eux qui ont inventé ça —, mais ça ne l'est pas ; simplement, ils ont propagé cette idée malade de la beauté à travers le monde. Et je suis un des vecteurs de cette maladie.

Mon nom apparaît sur le grand écran, puis mon visage, et tout ce que je vois, ce sont mes dents. Mon petit nez paraît géant. Je ne savais pas que j'avais une ride à cet endroit. Je ne savais pas que ma voix ressemblait tant à celle de ma sœur. Et merde, voilà la scène topless qui arrive. Une étrange honte s'empare de moi. Pas parce que je suis nue, mais à cause de la façon dont les hommes me voient.

LA VIE DE BOHÈME

Je n'en pouvais plus de travailler. Depuis toute petite, j'avais pris tous les boulots que j'avais pu, mais à aucun moment je ne m'étais sentie à l'abri. À aucun moment je ne m'étais débarrassée de cette boule au ventre. À l'école, j'avais entendu les autres gosses parler de vacances. Quand j'ai découvert de quoi il s'agissait, j'ai imaginé ce que pourraient être mes vacances de rêve. Et je suis arrivée à la conclusion que rien ne pourrait surpasser une semaine à l'hôpital où personne ne me ferait de mal, avec desserts à volonté. C'était très exactement ce que je voulais. Du rab de dessert et personne pour me faire de mal.

J'ai survécu à cette période grâce à mes deux anges gardiens sur pattes, Bug et Fester. C'est pour eux que je me levais le matin. Il fallait que je m'en occupe, je ne pouvais pas me permettre de me vautrer dans la dépression. Je détestais l'état dans lequel m'avait mise cette agression sexuelle. Mais il y a toujours une bonne nouvelle au coin de la rue. Parfois littéralement.

L'année qui venait de s'écouler avait vu l'ascension météoritique d'une immense rock star : Marilyn Manson. Absorbée comme je l'étais dans l'industrie du cinéma, je n'avais pas la moindre idée de ce qui se passait dans le reste de la culture populaire. De Marilyn Manson, je n'avais vu que deux photos, maquillé, et j'avais pensé : *C'est l'être le plus laid que j'aie jamais vu.* En même temps, je trouvais ça cool de rechercher la laideur à ce point.

Un soir, j'étais dans un restaurant SM absurde, à New York. Entre autres choses ridicules, il fallait choisir quel genre de sévices vous serait infligé durant le repas. L'endroit étant plongé dans le noir, on ne sait même pas ce qu'on mange, ce qui, en bonne vierge, n'est pas franchement ma tasse de thé. Abandonner tout contrôle en échange d'un repas me semblait idiot, et j'avais du mal à ne pas éclater de rire. Le serveur m'a proposé de dîner dans une cage, comme certains autres clients le faisaient. J'ai fini par le laisser me masser les pieds.

Tout en m'infligeant sa torture, le serveur m'a dit :

— Mon copain Brian est fan de vous.

— Ah, d'accord.

— Je viens de l'Ohio, a-t-il poursuivi. Je le connaissais bien, à l'époque.

— Heu… ouais. Super.

— C'est Marilyn Manson.

— Oh ! Ce type trop moche ?

Il a eu l'air surpris.

— Oui, et il vous adore. Un vrai coup de foudre.

— OK. C'est cool.

Un soir, peu de temps après cet échange, de retour à LA, je suis allée à la projection d'un film culte du cinéma indépendant, *Gummo.* Comme j'étais en retard, j'ai dû tambouriner à la porte de la salle avant qu'un type évoquant le croisement entre un dandy du XVIIIe siècle et Ichabod Crane m'ouvre. J'ai immédiatement reconnu Marilyn Manson. J'ai souri et lancé : « Salut, il paraît que tu me kiffes. » Je ne le trouvais pas laid, de près. En revanche, il était totalement unique en son genre. Après ça, on ne s'est plus quittés.

Sachez qu'on l'appelle Manson. Les gens qui se pointaient et qui demandaient « Comment va Marilyn ? » ne le connaissaient pas. Ceux qui disaient : « Comment va Brian ? » (encore pire) voulaient juste faire croire qu'ils étaient proches de lui.

On s'est amusés comme des fous. Vraiment. Mais j'étais toujours tourmentée par mes terreurs nocturnes et par un syndrome de stress post-traumatique. Durant la première année qu'on a passée ensemble, Manson m'a aidée à me reconstruire. Au bout de quelques mois, il a fini par demander à une de mes amies ce qui n'allait pas chez moi. Je ne lui avais rien dit. Je me réveillais la nuit en hurlant, les draps trempés de sueur. Mon amie lui a raconté, et Manson a été incroyable avec moi. Enfin un peu de gentillesse.

Il était lui-même très incompris. Bien que les médias aient déjà eu affaire à des musiciens controversés comme Alice Cooper ou Ozzy Osbourne, et que les gens rationnels sachent ce qu'était une performance artistique, on prenait son personnage au premier degré. Beaucoup de gens croyaient vraiment qu'il passait ses nuits à écorcher des chiots vivants avant de les plonger dans des cuves d'acide en clamant : « Gloire à Satan ! »

En réalité, c'était tout le contraire. Quand il n'était pas en train de composer sa musique électrisante, Manson peignait des aquarelles de mes terriers de Boston pendant que je commandais de la vaisselle sur la boutique en ligne de Martha Stewart. On passait la plupart de notre temps à la maison, à se cacher du monde, quand on n'était pas sur la route pour de folles escapades. J'étais heureuse car je parvenais à oublier ce qui m'était arrivé, la journée, en tout cas.

Néanmoins, les gens trouvaient ça bizarre que je sorte avec lui. Quand ils prenaient un air choqué, je pensais : *Mais c'est vous qui êtes bizarres. Voilà enfin quelqu'un qui est bon avec moi, qui prend soin de moi.* Manson s'est toujours occupé de moi, et il portait une grande attention aux détails. Nous sommes tombés amoureux. Durant tout le temps que j'ai passé avec lui, soit environ trois ans et demi, je n'ai pas travaillé. Il y avait des menaces de mort et des tentatives d'intimidation à mon encontre sur Internet, mais au moins je ne me posais pas de questions par rapport à mon prochain repas, grâce à l'argent des films que j'avais économisé.

On s'éclatait, et on était follement amoureux. Quiconque prétend le contraire se trompe. On formait un couple légendaire, et pas seulement dans les pages des magazines. À la scène comme à la ville. C'était dingue.

Malheureusement, son manager, le reste de son groupe et son pleurnichard de copain, Billy, lui soufflaient des trucs comme : « Tu te ramollis, avec Rose. Sortir avec une actrice a fait de toi une gonzesse. » Depuis quand cette longue tradition de concubinage entre actrices et rock stars serait-elle devenue ringarde ? Enfin. La jalousie masculine est un sentiment stupide autant qu'étrange. Manson a toujours aimé s'entourer de béni-oui-oui. Ce que je n'étais pas.

J'étais consciente des répercussions que cette relation aurait sur ma carrière. On ne savait déjà pas trop quoi faire de moi avant ça, moi qui étais si singulière, si différente de la « *girl next door* ». Beaucoup de directeurs de casting m'avaient sorti ça. « Tu ne fais pas assez *girl next door.* » De quoi parle-t-on exactement ? Il faut croire que tout le monde a pour voisine le sosie de Reese Witherspoon, une gentille blondinette qui ne dérange personne. Les cinq premiers mois que j'ai passés avec Manson, j'ai fait profil bas, car je ne voulais pas qu'on me prenne pour son accessoire. J'ai fini par assumer et par décider que j'aimais bien qui je voulais, point final. Je me suis blindée, je suis sortie et j'ai ramassé une volée de pierres et de flèches d'un peu partout. J'en ai pris, des coups. Tous les ringards se sont passé le mot. Panique dans les médias généralistes.

Ça m'amusait parfois de déconner avec le public. J'adore la subversion. J'ai un sens de l'humour irrévérencieux. Hollywood est remplie de petites vieilles flippées déguisées en hommes et en femmes. Tout ce qui est différent, singulier, leur fait peur. Manson les terrifiait. Quand je voyais les réactions des producteurs face à lui, je me disais : *Vous êtes dans le business du divertissement. Qu'est-ce que vous n'avez pas compris dans le mot* divertissement *?*

Il y a quelques années, longtemps après notre rupture, je dînais avec une dizaine d'agents, tous des hommes, de la « puissante » agence hollywoodienne CAA. S'il y a une catégorie de personnes que je ne peux pas blairer, c'est bien celle-ci. Ces crétins possèdent une estime d'eux-mêmes très surfaite. Ils décident de qui doit être embauché et soutenu ou pas. Un des agents (imaginez un connard de la fac, bien lourd, mais en plus vieux et avec un costume à 3 000 billets) se tourne vers moi et me pose une des questions qui m'agacent le plus : « Pourquoi est-ce que tu es sortie avec ce taré de Marilyn ? »

Avant même qu'il ait fini de parler, je m'étais déjà levée. J'ai posé les mains sur la table. Je me suis penchée en avant. J'ai regardé chacun d'entre eux dans les yeux, et j'ai déclaré : « Messieurs, je vais vous dire la vérité. À la seconde où un enfant se sentira moins seul grâce à vous, à la seconde où vous parviendrez à émouvoir un être humain aux larmes, à la seconde où cet être humain ressentira, pensera et vivra à travers vous, votre création, votre art, et à cette seconde seulement, vous pourrez me demander pourquoi je suis sortie avec une personne qui a plus de talent dans son petit doigt que vous n'en aurez jamais de toute votre assommante petite vie, avec votre système de valeurs tordu et votre ego boursouflé qui n'est justifié par aucune putain de raison que je suis en mesure d'imaginer. Vous resterez un costume vide dans un cercueil, seuls dans le noir, à la fin de votre vie. Vous ne laisserez rien, vous ne serez rien. Bonsoir, messieurs. » Et, là-dessus, je suis partie.

Même si Manson effrayait Hollywood, il affectait visiblement et profondément beaucoup de gens. Une fois, je me souviens d'avoir observé depuis le bord de la scène la marée humaine de 350 000 personnes venues l'écouter, tandis qu'il chantait « Coma White », une chanson qui parle de ma vie, de mon histoire.

There's something cold and blank behind her smile[1].

Oui, il y avait bien quelque chose de terriblement froid et vide derrière mon sourire.

She's standing on an overpass in her miracle mile[2].

Je vivais dans le quartier de Miracle Mile, à LA, quand on s'est rencontrés.

Dans la suite de la chanson, il évoque les pilules qu'on prend pour s'abrutir, en disant que tous les médicaments du monde ne peuvent nous sauver de nous-mêmes. À l'époque, j'avais commencé un traitement contre la dépression et les crises de panique, qui étaient apparues après mon agression.

C'était étrange et singulier d'entendre tous ces gens reprendre en chœur cette chanson qui parlait de moi, même s'ils n'en avaient pas conscience.

Les tournées étaient à la fois marrantes et banales. Il était particulièrement difficile pour moi de rencontrer des groupies qui se laissaient asservir volontairement et devenaient les jouets des musiciens et des autres membres de l'équipe, juste pour pouvoir approcher quelqu'un de célèbre. Chaque fois qu'on s'arrêtait quelque part, des femmes faisaient la queue pour se soumettre à tous les abus. Tu laves, tu rinces, rebelote. Un des types du groupe mettait systématiquement le grappin sur une fille en

1. Il y a quelque chose de froid et vide derrière son sourire.

2. Elle se tient sur un pont sur sa voie du miracle.

surpoids, il s'amusait toute la nuit avec elle et la demandait en mariage. Évidemment, il ne la rappelait jamais et il recommençait le soir suivant. J'aurais parié que ces filles n'en étaient pas à leur premier abus sexuel, que ce n'était pas la première fois qu'on les réduisait à des objets, mais elles avaient la certitude que le fait de côtoyer une célébrité allait changer leur vie. Face à ça, garder mes convictions féministes intactes relevait de la gageure, mais j'ai réussi. Je n'en savais pas encore assez pour comprendre que le système était faillible à cause des hommes.

J'étais aussi très seule. Avec Manson, on se terrait au fond du bus et on matait *The Big Lebowski* pour la soixantième fois, pendant que les autres gars, à l'avant, vaquaient à leurs occupations. Manson était très timide à cette époque, et les autres étaient sympas avec moi, mais à contrecœur et seulement quand Manson était dans les parages. Il ne se mêlait pas trop au public, donc je n'avais pas à redouter la concurrence de groupies trop entreprenantes. Mais beaucoup de fans me haïssaient sur Internet parce que j'occupais une place qu'elles estimaient devoir être la leur. Parce que j'avais le tort d'exister. À Hollywood, je me coltinais des idiots qui croyaient que j'ébouillantais des chats et, dans ma vie qui n'avait plus grand-chose de privé, ces filles ne pouvaient pas me blairer parce que je partageais le lit de quelqu'un sur qui elles fantasmaient. La grosse éclate.

Il y avait cependant du positif, dans tout ça. On était ensemble. On ne faisait qu'un. Et ses concerts étaient incroyables. J'adorais danser en coulisses, car le groupe savait s'y prendre pour mettre le feu.

Une fois, pour mon anniversaire, Manson m'a emmenée en Italie, plus exactement dans la campagne toscane d'où je suis originaire. On a voulu trouver la grange où j'étais née, sur la propriété du duc. Il fallait nous voir, suant et soufflant, arpenter les collines de Toscane : Manson,

79 kilos tout mouillé, 1,90 mètre, intégralement vêtu de noir et chaussé d'écrase-merde qui lui faisaient prendre encore dix centimètres, étouffant dans sa veste en cuir et sous son chapeau qui lui donnait l'air d'un épouvantail ; moi, ressemblant à un œuf de Pâques dans ma longue jupe rose et ma chemise jaune ; et Petey, son garde du corps géant, qui ne nous lâchait pas d'une semelle. On a croisé un petit garçon sur son minuscule vélo, qui s'est mis à crier avec un accent à couper au couteau : « Ai ! Ai, Marilyn Manson ! » C'était surréaliste et hilarant.

On a fini par localiser la grange. La propriété appartenait désormais à la sœur du duc de Zoagli — Rosa Arianna, celle dont je portais le nom. J'ai rassemblé tout mon courage pour aller toquer à sa porte. Elle est sortie et s'est mise à me hurler dessus en italien en essayant de me frapper avec un balai. Nous avons pris nos jambes à notre cou en riant comme des bossus.

Mais on avait trouvé la grange où je suis née, et j'étais extrêmement touchée qu'il m'y ait emmenée.

Le premier gros événement mondain auquel je me suis rendue avec Manson, c'était en 1998, à ce petit truc qu'on appelle les MTV Video Music Awards. À cette époque, tout le monde se mettait devant sa télé pour voir les performances se succéder sur scène, mais aussi pour savoir qui portait quoi, qui dirait quoi, quel truc incroyable allait se passer et quand ça allait partir en sucette. C'était un moment unique. Courtney Love et Hole tenaient le haut du pavé. Manson était la star la plus controversée du monde. Il se passait des trucs plutôt cool dans la culture populaire.

À la pensée de ma minute de gloire sur le tapis rouge, je me suis dit : *Manson va en jeter. Qu'est-ce que je vais bien pouvoir mettre ?* J'ai alors commencé à imaginer ma tenue en fonction du regard que Hollywood et les médias porteraient sur moi, et j'ai pensé : *Vous savez quoi ? Allez vous faire foutre. Vous voulez faire de moi un objet ? Vous voulez voir un corps ? C'est ça que vous voulez ? Vous tous, les journaleux, les photographes, les vautours, c'est ce que vous voulez voir ? Je vais vous le montrer, mon corps.* Et c'est ce que j'ai fait.

Porter cette « robe nue », comme je l'appelle, était une façon de faire un gros doigt à tout le monde.

Et de réaffirmer mes droits sur mon corps après mon agression. Je voulais mettre les médias au défi, voir comment ils allaient gérer ça. Vous avez voulu faire de moi votre cheval de parade, vous allez être servis.

J'ai reçu la robe qui allait devenir si tristement célèbre la veille de l'événement. Le jour des MTV Awards, j'étais dans le gaz à cause des cachets que je prenais pour un gros rhume.

Dans la limousine qui nous emmenait à la cérémonie, j'ai dû rester à genoux, sans quoi le laçage de la robe m'aurait fait des marques sur les fesses, qui seraient à peu près entièrement exposées aux objectifs. J'avais le cœur qui battait à cent à l'heure quand on est sortis de la voiture. J'ai levé le bras bien haut en articulant silencieusement : « Salut les salopes, regardez qui voilà. » Le tapis rouge à peine franchi, j'ai enfilé une tenue plus décente.

La robe a déclenché l'apocalypse, ce qui était un peu mon intention. Mais je n'avais pas anticipé le *slut-shaming*. Je n'avais pas imaginé à quel point ce serait pris au sérieux. Ces gens ne comprennent-ils pas la rébellion et l'humour ? J'ai pensé : *C'est la grand-messe de la musique. J'ai mis une robe punk à mort. Point barre.*

Ça a évidemment été mal interprété et sexualisé, soit l'exact opposé de ce que je voulais. C'est d'ailleurs ce que les autres femmes qui m'ont imitée les années suivantes n'ont pas compris ; contrairement à elles, je ne l'ai pas fait pour paraître sexy ou pour exciter qui que ce soit. C'était une question de pouvoir, un gros doigt dressé à la face du monde, ce qui n'a rien à voir.

C'est pour ça que c'est devenu quelque chose d'aussi culte. Tous les ans, à chaque remise de prix, cette photo de moi resurgit. C'était mon premier gros scandale, pour ainsi dire. Aussi visible, en tout cas. Je dis le premier, car il y en a eu d'autres, depuis, mais celui-ci, par sa dimension visuelle, a marqué les esprits. Pendant des années, j'ai été l'actrice qui portait *la* robe. Quoi qu'il en soit, il m'a fallu un sacré courage. J'étais terrifiée, mais je l'ai fait quand même. Et c'était punk à mort.

Au moins, quand je serai vieille, personne ne pourra dire que j'aurais vécu dans la peur. Je suis européenne, je n'ai aucun problème avec mon corps. L'Amérique puritaine vous montre du doigt si vous osez dévoiler le moindre bout de peau, *surtout* si ce n'est pas à caractère sexuel. Quand une femme déclare qu'elle fait ce qu'elle veut de son corps, elle est diabolisée. Je l'ai été, pour avoir mis les gens mal à l'aise. Porter cette robe m'a valu une tornade de commentaires humiliants. Il m'est arrivé de le regretter, mais la plupart du temps je me disais : *Allez vous faire foutre.* Maintenant, je ne regrette plus rien. C'est mon corps, j'en fais ce que je veux. Mais rien ne vous prépare aux tombereaux de merde médiatique, façon manège à grande vitesse, qui vous tombent dessus.

C'est à cette époque que nos agents et managers respectifs nous ont dit, à Manson et à moi : « Vous devriez avoir un site Internet, pour lire les commentaires de vos fans et savoir ce qu'ils veulent. » C'était avant que les célébrités comprennent que c'est à double tranchant, et qu'il ne faut À AUCUN PRIX lire ces commentaires. Les fans agissent comme les enfants dans *Sa Majesté des mouches* : ils désignent un bouc émissaire et ils déversent leur négativité sur lui. Tout ce que l'humanité compte d'ordures et de gens malveillants poste des commentaires sur Internet. Je suppose qu'ils sont partout, de nos jours. Je n'arrive pas à imaginer à quoi ressemblent ces gens dans la vraie vie, ou pourquoi leur cœur est si rempli de haine. Si vous êtes l'un d'entre eux, sachez que vous faites beaucoup souffrir d'autres êtres humains.

Je me suis donc plongée dans les commentaires et je suis tombée bien bas. J'ai encaissé un paquet de trucs qui en auraient brisé plus d'un. La plupart des gens ne supportent pas d'entendre une seule critique à leur encontre, alors figurez-vous ce que c'est que d'être malmenée à une telle échelle. Tout y passe, votre visage, votre corps, votre personnalité. L'hostilité et la haine que je récoltais étaient d'une intensité sans bornes. Quand vous lisez ce genre de choses sur vous, ça reste. On peut vous faire trente compliments et vous dire une saloperie, c'est toujours la saloperie qu'on retient. C'est humain, non ? Maintenant, imaginez ça multiplié par un million. Ça m'a vraiment retourné la tête.

Sachez que vous êtes capable de supporter toutes les horreurs qu'on dira de vous, que vous y survivrez quoi qu'il arrive. Si vous parvenez à atteindre un endroit où vous pouvez avancer à votre rythme, vous trouverez la paix et la liberté. Les choses s'arrangent, je vous le promets.

C'est une leçon que j'ai mis du temps à apprendre. Un jour, un soi-disant ami m'a donné l'adresse d'un site, que je devais aller voir, ce que j'ai fait. Le but était de montrer, sur des pages et des pages, à quel point j'étais grosse. J'étais choquée. Sur certaines, quelqu'un avait superposé la gueule de mon chien à mon visage ; sur d'autres, j'étais étendue sur une croix et entourée de diagrammes qui expliquaient que j'étais énorme. Le montage était très bien fait, et la folle — oui, c'était une femme — qui en était à l'origine écrivait sans la moindre faute d'orthographe, ce qui était encore plus perturbant. Parfois, c'est plus facile de ne pas tenir compte des horreurs quand l'auteur n'est même pas foutu de les épeler correctement. Comme « espesse de pute » à la place de « espèce de pute ». Mais si l'orthographe et la grammaire sont correctes, ça fait d'autant plus mal. Étrangement, la femme qui avait créé ce site charmant avait tendance à utiliser les mêmes mots que ceux qui tournaient en boucle dans ma tête au plus fort de mon anorexie.

Je suis redevenue très mince, après ça. C'était gravé dans mon cerveau — j'étais grosse. Mes troubles du comportement alimentaire ont recommencé. Ça m'a démolie. À force de « s'entendre » dire qu'on est laide, photos retouchées à l'appui, on perd pied. Je me disais : *Je dois ressembler à Quasimodo.*

Tout ça s'est immiscé en moi de plus en plus profondément, au point de me faire oublier qui j'étais et ce que j'étais.

Les trolls ont continué leur petit jeu. Un looser du nom de Perez Hilton a commencé à baver sur moi sur son site très populaire (à l'époque). Il était sans pitié. Il m'a dessinée avec des pénis sortant de ma bouche et du sperme étalé sur mon visage. Tout le monde en prenait pour son grade, mais surtout les femmes. Il hait les femmes. Il appelle Jennifer Aniston « Maniston[1] » et se croit spirituel. Bien joué, mec. Je crois qu'on tient le nouveau Oscar Wilde.

Je me demande toujours si ces ordures, après avoir passé plusieurs heures à détruire d'autres êtres humains, rentrent chez eux en se disant : « Que voilà une journée de travail bien remplie, à dessiner des bites sur des visages ; je suis content de moi. »

Les chiffres ne sont pas avérés, mais on dit souvent

1. Contraction de « man » (homme) et Aniston.

qu'une lettre de fan exprime le point de vue de cinq mille d'entre eux ; il paraît que c'est la proportion de personnes qui prennent le temps et la peine d'écrire ce qu'elles ont à dire. Alors, quand vous recevez un millier de commentaires vicieux, vous commencez vraiment à vous poser des questions sur l'état de la société. À tous ces tordus, ceux qui s'évertuent à écrire ces saloperies, je dis : Vous pouvez être contents. Oui, vous contribuez à détruire quelqu'un. Félicitations. Bravo. Votre participation au monde a été pris en compte. Maintenant, peut-être que vous pourriez passer à autre chose.

Plus récemment, après une intervention sur la NPR[1], j'étais curieuse de voir si les commentaires sur leur site seraient d'un niveau plus élevé, plus construit. Que dalle. La même bande de types flippait parce que je remettais en cause leurs privilèges de mâles blancs. Des privilèges tellement évidents que je ne comprends même pas qu'on puisse les nier. C'est indéfendable, et c'est vrai. Et même sur le site de la NPR, les trolls écrivent « espesse de pute ».

On dit que les gens célèbres sont adulés, mais ce n'est pas ce que je constate. Ce que je constate, c'est une volonté d'anéantir. Vous prenez des coups simplement parce que vous osez exister sur une plus grande scène que les autres. Mais en quoi est-ce que c'est ma faute ? Je n'ai pas demandé à être déifiée. Je ne réclame ni plus ni moins que le respect dû à tout un chacun, car mon seul crime est d'être visible. Ce qu'on fait vous est utile. On croit souvent que parce qu'une personne est (supposément) riche, elle n'a aucun problème, donc qu'on peut la démolir. Presque toutes les célébrités, exception faite des fils et filles de, viennent de milieux pauvres et en ont bavé pour arriver où ils en sont. Alors, retenez vos putains de chiens.

La célébrité fait le même effet que de déménager dans

1. National Public Radio.

la plus petite ville du monde, où les pires rumeurs courent sur celle qu'on juge « débauchée ». Les commères restent planquées chez elles et observent tous vos faits et gestes derrière leurs rideaux, se jetant sur le moindre début de ragot, qu'elles s'échangent entre elles comme si l'humiliation avait une valeur. « Elle n'est pas allée à l'église dimanche. C'est sûrement une traînée. » Être célèbre, c'est à peu près la même chose, mais à beaucoup plus grande échelle. Si vous rêvez de le devenir, réfléchissez-y à deux fois, car c'est loin d'être le Pérou. C'est bien plus dur que tout ce que vous pouvez imaginer, et totalement dépourvu de sens. Ça vous retourne la tête. Vous vous rappelez ce que je disais sur les sectes ? Eh bien, la mentalité sectaire des petites villes est la même que celle de Hollywood — sauf que Hollywood bourre le crâne de toutes ces commères de province avec son système de pensée.

Revenons-en à la période Manson. En avril 1999 a eu lieu la première tuerie de masse dans une école américaine, la tragédie de Columbine. Sous les caméras de télévision — une première, là aussi —, les deux meurtriers s'en sont donné à cœur joie. Quand les coups de feu ont cessé et que la prise d'otages a commencé, la seule info que les gens avaient, c'est que les types étaient habillés tout en noir. CNN et les autres chaînes ont immédiatement balancé des photos de Manson et prétendu que les tireurs adoraient Satan et Marilyn Manson. Tout ça alors même que la prise d'otages était encore en cours.

Dans leur manifeste, les tueurs avaient clairement affirmé leur haine de Manson, qu'ils jugeaient faible. Mais dans les médias, le mal était fait. CNN, Fox et toutes les autres, étant dans l'impossibilité de pénétrer dans l'enceinte du lycée, meublaient avec n'importe quelle connerie qui leur tombait sous la main. Le visage de Manson est devenu indissociable de cet horrible et tragique événement.

Après Columbine, Manson a commencé à recevoir des menaces de mort, notamment à la bombe, et par association, moi aussi. Le service de sécurité qu'il employait à temps partiel est passé à temps plein. Le public, dans sa globalité, devenait effrayant, il fallait le tenir à distance. On lui imputait le drame. Toute cette hostilité, cette haine, cette rage.

Je suis très protectrice envers mes proches. Être à ses côtés est devenu un job en soi. Ça ne me laissait pas beaucoup de temps pour penser à moi, ce qui était à la fois bien et pas bien. Rétrospectivement, je comprends les raisons de mon comportement. Les filles sont programmées dès leur naissance, et le programme nous dit que la carrière des hommes est plus importante que la nôtre. Je suis toujours sortie avec des hommes puissants qui voyaient mon travail comme un hobby, alors que le leur comptait vraiment. Je crois que beaucoup de femmes sont dans la même situation. C'était mon cas, et j'espère que ce n'est pas le vôtre. Sinon, sachez que votre travail vaut autant que le leur, même si votre paie n'est pas la même. J'aurais bien aimé prendre conscience de mes forces plus tôt, mais… je manquais de lucidité.

Au final, tout cela m'exténuait. Cette vie de bohème, qui m'avait sauvée au début, était en train de me consumer. J'étais très amoureuse de Manson, mais je ne pouvais pas continuer comme ça. J'étais trop fatiguée.

Je ne lui ai pas réclamé le moindre sou. Je n'ai rien pris, à part les meubles qui m'appartenaient.

Après notre rupture en 2001, Manson est allé sur le plateau de Howard Stern et m'a salement démolie. Ça m'a vraiment choquée. Je le surnommais « Docteur », car si j'avais ne serait-ce qu'un petit mal de tête, il me demandait : « Tu as besoin d'aspirine, de Tylenol, ça va, je peux t'aider ? » Il était si respectueux, si doux, et le voilà qui se lançait dans cette vendetta dégueulasse qui m'a fait beaucoup de mal. Il s'était toujours montré différent des autres, mais en définitive il s'est comporté comme le mâle cisgenre de base, en s'en prenant à la femme sans défense parce que son ego de mec en avait pris un coup. Waaaah. Pauvre petit chou.

Et si vous grandissiez un peu, les garçons ? Cette attitude nous conduit à la mort. Physique et psychique.

Après ma rupture, j'ai refait surface à Hollywood. Sans argent, je n'avais pas d'autre choix que de me lancer dans une campagne de dédiabolisation de ma personne. Il fallait en passer par là pour survivre, car quel autre travail est-ce que j'aurais pu trouver ? J'étais célèbre, mais pour de mauvaises raisons. J'étais coincée. Et j'avais été blacklistée de la communauté du cinéma par mon agresseur. Quelles options me restait-il ?

SUR LE TOURNAGE

Lundi, 4 h 15. Je me réveille. Est-ce le matin ou la nuit ? Mystère. Je sais juste que lorsque je me lève si tôt/tard, j'ai la nausée. La veille au soir, j'ai appris mon texte par cœur, pas loin de dix pages d'un dialogue débile. Il est difficile de retenir tous ces mots qui s'empilent les uns sur les autres — à peine différents de ceux de la veille. Je rêve parfois que j'oublie mon texte et que tout le monde sur le plateau me regarde en attendant silencieusement que je reprenne. Le trou de mémoire est un stress de tous les instants ; chaque jour qui passe sans que j'aie perdu une réplique me fait l'effet d'une immense victoire. Sur les plateaux de cinéma, le temps est, plus que nulle part ailleurs, de l'argent. Chaque fois que je cafouille, je sens le stress de l'assistant réalisateur et des producteurs monter d'un cran, ce qui me rend encore plus nerveuse. Les acteurs n'ont pas intérêt à déconner, car tout repose sur leurs épaules.

Je conduis dans le noir jusqu'au lieu du tournage. Je suis à peine sortie de la voiture qu'un assistant de production me prend en chasse et prévient par talkie-walkie de mon arrivée. Il me suit jusqu'à la caravane du coiffeur et de la maquilleuse. Ces types avec leur casque et leur radio me collent partout, tout le temps, comme si je n'étais pas capable d'aller du point A au point B toute seule. J'entre dans la caravane où mes yeux ont besoin d'un instant pour s'adapter à la vive lumière. Les sèche-cheveux soufflent déjà, mais ça ne m'empêche pas d'entendre ma partenaire babiller de sa voix haut perchée. Je mets mes bouchons d'oreille dans l'espoir de faire obstacle à ce bruit qui me hérisse le poil, mais ça ne suffit pas à couvrir ses couinements. Je ne supporte ces voix de bébé que lorsqu'elles sortent de la bouche d'un bébé. Ma maquilleuse remarque que j'ai dû bien dormir car la peau sous mes yeux est gonflée. Elle me dit tous les jours que le manque de sommeil me va mieux. Je regarde dans le miroir les poches sous mes yeux, qui ne me semblent pas si hideuses, mais si elle dit que ça ne va pas, je suppose qu'elle a raison. Je déteste rester assise là à me reluquer dans le miroir. Je trouve ça peu naturel de devoir porter en permanence un regard critique sur son propre visage. J'observe mon reflet en essayant de reconnaître cette personne qui me rend mon regard. C'est le moment où je me change en une autre femme. Le putain de monologue suraigu continue. J'en frissonne. On m'envoie dans le fauteuil de coiffage, où le sèche-cheveux s'acquittera de sa tâche pendant quarante-cinq minutes. J'ai beaucoup de cheveux. Ma coiffure doit correspondre exactement aux images tournées hier. Je parcours des yeux mon texte sur mon exemplaire miniaturisé du scénario ; ouaip, toujours aussi banal. Ma transformation touche à sa fin. Je jette un coup d'œil au résultat. Je redeviendrai moi-même dans douze heures ; jusque-là, je dois incarner quelqu'un d'autre, une passagère dans mon propre corps.

Curieusement, et c'est vrai pour la plupart des acteurs, nous passons beaucoup plus de temps dans les caravanes que ce que vous pouvez penser. Notre mode de vie n'est pas si glamour. La monotonie peut devenir oppressante.

Prenez le tournage, par exemple. Imaginez une scène montrant deux personnes assises dans un café. Il faudra au minimum quatre heures pour la filmer. On commence par tourner le master shot de la scène entière. Puis on se rapproche. Un plan taille présente les personnages. On enchaîne avec un plan poitrine de l'héroïne, puis un gros plan. Une fois ce côté bouclé, la caméra change de côté et réitère l'opération. C'est un travail fastidieux. On répète le texte jusqu'à l'écœurement sous chaque angle possible, et il ne s'agit que d'une seule prise. Il faut en faire beaucoup d'autres. Je ne me plains pas, j'explique.

Vous commencez à vraiment fatiguer aux alentours de 16 heures — rappelons que vous vous êtes levée à 4 h 30 du matin. C'est le moment où vous casez la mémorisation du texte du lendemain. La journée touche à sa fin et vous rentrez chez vous à 19 heures, si vous avez de la chance. C'est plus souvent vers 21 heures. Dans ce cas, vous bénéficiez d'un temps de repos légal de douze heures avant la prochaine session de tournage. Mais il existe des « appels forcés » qui peuvent réduire ce délai à dix heures. C'est en général ce qui arrive. À la fin de la journée, il vous reste une heure où vous pouvez vaquer à vos occupations. Après un dernier coup d'œil à votre texte, vous allez vous laver le visage, vous vous écroulez, vous vous levez, et tout recommence.

VIE TÉLÉVISÉE

Je me trouvais en Roumanie quand j'ai reçu un coup de fil d'Aaron Spelling, un producteur télé légendaire, célèbre pour être à l'origine d'un paquet de séries à grand succès et un peu kitsch, comme *La croisière s'amuse* ou *Beverley Hills 90210*. Il a évoqué sa série *Charmed*, dont les trois premières saisons avaient déjà été tournées ; ça parlait de trois sorcières gentilles qui protégeaient le monde de l'invasion des démons. Le casting avait été complètement réorganisé après le départ de Shannen Doherty, l'actrice principale, et ils étaient en train d'écrire un nouveau personnage. Est-ce qu'un rôle à la télévision m'intéresserait ? Je ne connaissais pas *Charmed*, mais j'étais curieuse. L'épisode pilote de la série était disponible à bord de l'avion qui me ramenait aux États-Unis. Je n'ai jamais revu *Charmed* sur aucun autre vol. C'était le destin. J'avais besoin d'un signe, et le voilà. J'ai trouvé le pilote vraiment cool, et j'ai accepté de rencontrer Spelling pour en discuter. C'était agréable de se sentir désirée après avoir été rejetée de partout grâce aux bons soins de mon Monstre omniprésent.

Les bureaux de ce gros bonnet, sur Wilshire Boulevard, à LA, faisaient la taille d'un terrain de foot. Il y avait une moquette blanche épaisse par terre, mes escarpins disparaissaient dedans. Un homme tout petit, sans doute pas plus de 1,50 mètre, se tenait derrière un immense bureau, flanqué de son majordome en queue-de-pie. Tel était le légendaire Aaron Spelling. C'était dingue : enfant, je regardais *Dynastie* avec ma mère, et aujourd'hui j'étais devant le big boss. Le majordome a présenté à M. Spelling un plateau d'argent sur lequel trônait un grand verre à pied en cristal rempli de Gatorade bleu, avec une paille coudée. Je m'en souviendrai toujours. J'imaginais la conversation entre les deux hommes : *N'oubliez pas la paille coudée.* J'adore.

C'était un homme agréable. Il ne me déplaisait pas ; en fait, je le trouvais plutôt mignon. Tout le temps qu'a duré notre rendez-vous, je me le suis représenté coiffé d'une tignasse de troll bleu. Je faisais souvent ça pour calmer mes nerfs.

Quand j'ai pris la parole, j'ai remarqué qu'il me regardait comme si j'étais à moitié extraterrestre, tout comme les deux autres cadres présents dans la pièce. Je faisais le même effet à peu près partout à Hollywood. Je crois que ça venait de la dichotomie entre mon apparence et mon discours. Je ressemblais à une bimbo, mais au niveau du langage, c'était une autre paire de manches. Hollywood et les médias ne savaient vraiment pas quoi faire de moi. Au lieu de me voir comme une artiste et un esprit pensant, ils me mettaient dans la catégorie des « *bad girls* ». Cette bande d'attardés n'écoutait pas le moindre putain de mot qui sortait de ma bouche. C'était gonflant. Je suis patiente, mais il y a des limites.

Ça ne me posait pas de problème qu'on dise que j'étais une rebelle, mais quand l'ensemble de la profession vous condamne au rôle de la méchante, ça finit par vous rentrer dans le crâne. M'entendre dire « tu es mauvaise » me renvoyait aux insultes de mon père, ça se répercutait entre les parois de mon cerveau. Mes vieilles peurs — la rue, la solitude — recommençaient à s'insinuer en moi. Je me méfiais de la télévision, car j'avais entendu dire que le rythme de travail était brutal, et je ne savais rien de ce monde. C'est à peine si je regardais la télé. Mais c'était un boulot. Et, comme une grève des acteurs se profilait à Hollywood, je risquais de ne pas trouver grand-chose de mieux dans les deux ans à venir.

Donc, j'ai commencé à y penser sérieusement.

Le fait que j'aie été blacklistée des studios me collait toujours à la peau. Ça me révoltait de voir que tant de gens de la profession, qui connaissaient mon traumatisme, puissent prendre fait et cause pour mon violeur. Plusieurs années s'étaient écoulées depuis mon dernier engagement à Hollywood, et je n'avais que vingt-huit ans. Je me souviens de m'être sentie embarrassée le jour de mon anniversaire, quand *Entertainment Tonight* avait dévoilé mon âge. J'en avais honte. C'est dire à quel point j'étais paumée. Le message que vous recevez de la société, des médias et de Hollywood fausse votre rapport à l'âge. À l'époque, je mettais ça sur le compte du fait que les jeunes actrices sont plus belles, mais aujourd'hui je réalise qu'elles sont surtout plus dociles, plus faciles à façonner selon les désirs du mâle, tant d'un point de vue sociétal qu'individuel. Et ça craint, putain. C'est marrant comme les femmes deviennent périmées pile au moment où elles commencent à se prendre en main elles-mêmes. C'est eux, qui sont périmés.

Donc, j'ai dit oui à *Charmed*. On m'avait expliqué qu'il n'y aurait pas plus de deux saisons supplémentaires. Je pouvais bien signer un contrat de cinq ans, ça ne changeait rien. J'aurais dû comprendre que, si c'était dans l'intérêt financier de certaines personnes, ça n'était pas nécessairement bon pour moi. Tout le monde espérait que ma contribution maintiendrait la série en vie assez longtemps pour décrocher le Saint-Graal — la vente des droits de diffusion. Pour une actrice qui jusqu'ici n'avait tourné que dans des films indépendants, c'était une sacrée pression. J'avais les emplois d'environ cent cinquante membres de l'équipe entre les mains. Croyez-moi, ça a influencé pas mal de mes décisions. Durant les cinq années qui ont suivi, j'ai plus souvent été Paige Matthews, mon personnage, que moi-même.

Paige Matthews était la demi-sœur des Halliwell : Phoebe, interprétée par Alyssa Milano, et Piper, jouée par Holly Marie Combs. Je connaissais Alyssa Milano par *Madame est servie*, dont j'étais fan quand j'étais petite. J'étais surprise de me retrouver dans le même monde qu'elle, on était tellement différentes. Elle, l'enfant actrice née avec une cuillère d'argent dans la bouche, et moi, l'excentrique dont la vie partait dans tous les sens. Les choses auraient très bien pu mal tourner, mais je refusais de jouer ce jeu-là. La presse bavait d'envie à l'idée de publier des ragots à propos de ce qui se passerait sur le plateau. Je ne leur en ai jamais donné l'occasion. Mon intérêt pour ce travail étant d'ordre purement mercenaire, je me suis tenue à l'écart des querelles internes. Mais quand bien même je ne m'y abaissais pas, le plateau restait sous surveillance constante. Je ne pourrais pas vous dire le nombre de fois où on m'a demandé si les filles de *Charmed* sortaient ensemble après la journée de travail. La réponse est non. J'essayais autant que possible de passer mon unique heure de liberté seule avec moi-même, à la maison.

Je me donnais à fond pour incarner Paige, un personnage attachant doté d'un caractère de cochon. Une fille qui devient femme au fur et à mesure que la série avance. Ce qui avait tendance à mettre un frein à ma propre croissance à ce niveau-là.

Je l'ai déjà dit, la plupart de mes repères dans la vie proviennent du cinéma. Mon « premier » mariage tenait de la méta-expérience. J'ai remonté l'allée au bras d'un faux père, avec de faux amis, de fausses sœurs, un faux fiancé, un faux pasteur : tout était faux, faux, faux. Mes émotions, elles, étaient réelles. Après tout, c'est ça, le travail d'acteur. Il était particulièrement étrange de simuler un événement qu'on nous vend à tous comme un moment unique — « le jour le plus important de la vie d'une fille ». Je ne suis pas nécessairement d'accord avec cette idée, n'empêche que vivre cet événement une première fois à l'écran m'a volé quelque chose. Le jour de mon « vrai » mariage, tout le monde a dit que je m'étais déjà mariée trois fois pour de faux. L'événement proprement dit n'a été que la redite d'une scène que j'avais jouée à plusieurs reprises. Votre divertissement a un prix que nous autres acteurs payons. Sachez-le et soyez-en reconnaissants.

Quand j'ai commencé à jouer dans la série, je me préoccupais beaucoup de la psychologie du spectateur. Moi, la fille à la mauvaise réputation qui ne faisait pas assez « *girl next door* », j'allais devoir monter dans un train d'où le personnage chéri de Shannen Doherty avait sauté sans plus de cérémonie. Je n'allais pas jouer le rôle de Shannen, mais un nouveau personnage auquel le public allait devoir s'identifier. On m'avait dit que beaucoup de séries ne survivaient pas à un changement de casting de cette ampleur. J'étais consciente que mes chances de succès étaient minces. Les gens devaient tomber amoureux de mon personnage très rapidement, sans quoi *Charmed* tirerait sa révérence. J'étais obnubilée par l'idée que tous ces gens allaient perdre leur emploi si je n'y arrivais pas. Alors, je me suis débrouillée pour paraître le moins menaçante possible. J'ai pris du poids, environ cinq kilos. Je voulais renvoyer une image douce et accessible. Au secours.

Une directive du studio nous interdisait de nous couper ou de nous teindre les cheveux sans la permission expresse du directeur. J'ai trouvé ça complètement con. Juste avant de revenir pour la saison suivante, je me suis teint les cheveux en rouge sans rien demander à personne. Ooooh. Les gens du studio l'ont appris et ont flippé, évidemment. Ils étaient furax. Comment est-ce qu'ils allaient pouvoir expliquer ça ? Je leur ai sorti : « C'est une série sur la magie. Dites simplement que je touillais une potion et qu'elle m'a explosé à la figure ! Mes cheveux sont devenus rouges ! La couleur m'a plu, donc je les ai gardés tels quels. » Voilà comment est né le tout premier dialogue de la saison, presque mot pour mot, entre le personnage de Leo et moi. Tout ce qu'il faut, c'est un peu de créativité, mais les studios en sont souvent dépourvus.

Ça a aussi fait toute une histoire quand Holly Marie Combs s'est fait une frange. Le studio craignait que les spectateurs ne la reconnaissent pas. C'est dire s'ils vous prennent pour des buses. Ils pensent que si un personnage change un peu de look, le public ne pourra plus l'identifier. J'aimerais tellement que vous vous transformiez en mouches pour venir écouter les cadres et les producteurs d'un studio parler de vous. Croyez-moi, ils vous considèrent comme des moutons.

J'en suis presque devenu un moi-même. Je pétais les plombs. Quand tout votre temps de cerveau disponible est, jour après jour, mois après mois, année après année, rempli par des dialogues idiots qui diffèrent à peine de ceux de l'épisode précédent, il y a de quoi perdre la boule. Huit à dix pages par jour. Je rejouais la même conversation que celle que j'avais eue dans l'épisode de la semaine précédente, mais avec d'autres *guest stars*. On aurait pu permuter mes répliques d'un épisode à l'autre sans que ça se voie. C'est ça qui me tapait le plus sur le système. C'était une prison pour l'esprit. Ma santé mentale commençait à en prendre un coup. Et j'étais tellement seule.

Je m'amusais parfois, quand je quittais le plateau à la fin de la journée, à garder sur mon visage des traces de faux sang, ou une énorme plaie, et je m'arrêtais au supermarché sur le chemin de la maison. Je voulais voir comment les gens réagissaient face à une femme blessée. Personne ne m'a proposé son aide. Pas une seule fois. Ceux que je croisais évitaient mon regard en baissant les yeux au sol.

Ça en dit long sur l'invisibilité des femmes maltraitées. Note pour la société : demandez toujours à une femme qui semble maltraitée si elle a besoin d'aide. Faites ce qui est juste. Soyez fort et courageux.

J'ai toujours aimé me livrer à ce genre d'expériences sociales. Je suppose que c'était ma façon de rester saine d'esprit et de stimuler mon cerveau, particulièrement atrophié à cette époque. Je sentais que je m'éteignais, et je ne savais pas quoi faire pour y remédier. J'étais trop fatiguée et trop triste pour pouvoir trouver une solution.

Je mettais un point d'honneur à ne pas relever les comportements mesquins. Parfois, les gens qui ont vécu une vie privilégiée aiment créer des drames — ça leur donne l'impression qu'il se passe quelque chose. J'ai vécu de vrais drames, j'ai eu de vrais problèmes. Je refusais d'en créer d'imaginaires pour me donner de l'importance.

Une seule réalisatrice a été engagée durant les cinq ans où j'ai joué dans *Charmed*, et l'équipe l'a saquée. Les trois personnages principaux étaient des femmes, et jamais ils n'avaient embauché une femme à la réalisation. Et pour une fois qu'elle en avait une, l'équipe, composée principalement d'hommes qui n'avaient sans doute pas conscience de ce qu'ils faisaient, lui a savonné la planche. Ils montraient leur irrespect en ricanant quand elle leur donnait un ordre. Je n'ose imaginer ce que c'est, de travailler dans un tel environnement. Je me sens horriblement mal de ne pas m'être davantage battue pour elle, mais je ne comprenais pas réellement les tenants et les aboutissants de cette situation. Mon personnage était trop occupé à s'entretenir avec des leprechauns pour s'y attarder.

Chaque fois que j'ai manifesté mon attachement à un réalisateur, s'il n'appartenait pas à la clique médiocre, mâle et blanche de Spelling, ce qui était très rare, il ne revenait pas. Si je disais que je détestais tel autre, je pouvais être sûre que j'allais revoir sa tronche. Il y en a eu un avec qui j'étais très excitée de travailler jusqu'à ce que je fasse sa connaissance, qui est venu nous diriger durant ma quatrième ou cinquième année dans la série. À cette époque, le show roulait tout seul. C'était une machine bien huilée.

Lors de la première répétition de la journée, après avoir marché du point A au point B, je suis sortie par la droite. Ce n'était pas d'une importance capitale, et le nouveau réalisateur n'avait pas précisé s'il fallait sortir à gauche ou à droite. Mais il a explosé : « Espèce d'idiote ! Ne passe pas devant ma caméra ! NE PASSE PAS DEVANT MA CAMÉRA ! » Le type avait craqué. Sa voix se réverbérait contre les murs. J'étais choquée. Il continuait de crier, et maintenant il m'insultait. Salope. Idiote. Salope.

Tout cela s'est passé environ une minute après que nous nous étions tous dit bonjour. Il était 7 h 30. Personne ne lui a fermé sa gueule. Personne dans l'équipe, pas un producteur, pas un assistant réalisateur. Des hommes avec qui je travaillais depuis des années. Pourquoi ? Parce que le réalisateur, même s'il n'était là que depuis une demi-heure, était un mec, et moi une jeune femme.

Je pensais : *Excuse-moi, connard, je ne te connais même pas. Tu es chez moi. Et pourtant tu te sens assez à l'aise, tu te crois assez irremplaçable dans ce firmament de réalisateurs mâles pour te permettre de me faire ça ?* J'ai dit aux producteurs : « Je ne retravaillerai plus jamais avec cet homme. » Ils m'ont assuré qu'il ne serait plus jamais autorisé à m'agresser verbalement.

Devinez qui était de retour deux mois plus tard ? Et ce n'est là qu'une petite ligne dans la liste des hurleurs à qui j'ai eu affaire. Tout le monde sait que les réalisateurs à Hollywood sont des gens vindicatifs et humiliants, à qui l'on passe tous les caprices. Et je n'ai jamais vu ou entendu parler d'un acteur masculin qui se serait fait malmener sur un plateau. Il est temps que les gens, que ce soit dans le cinéma ou ailleurs, se manifestent quand quelqu'un se fait harceler ou terroriser ; il est temps de se battre pour les autres. Si vous ne le faites pas, vous serez critiqué, vous serez humilié, vous serez traîné dans la boue.

Ce n'était qu'un exemple de plus de l'impunité masculine. Pouvez-vous imaginer ce que ce serait si votre nouveau boss, à peine une heure après être arrivé, se mettait à vous crier dessus devant tout le monde sans que personne lève le petit doigt ? Peut-être que oui. J'espère pour vous que ce n'est pas le cas. Il n'y a pas d'excuse à la maltraitance. Jamais. Lorsque vous vous faites hurler dessus, le corps encaisse, vous êtes secouée. Traumatisée. Mais quoi, remettez votre minijupe et dites votre texte, ma petite dame. Vous êtes une actrice, alors autant vous y faire.

Bien sûr, ce n'est pas le seul secteur où l'on entend ce genre de cris. Mais ce que vous devez comprendre, c'est que Hollywood ne fait l'objet d'aucun contrôle extérieur.

C'est difficile de concilier le gentil bonhomme que j'ai rencontré — Aaron Spelling — avec les décennies de productions sexistes qu'il a mises au monde. Ceux qui l'entourent sont tout aussi responsables : les cadres (tous des hommes), les scénaristes (presque tous des hommes), le scénariste en chef (un homme). Alors même qu'on parle ici d'une série féminine. Le fait qu'elle soit portée par des femmes et qu'elle s'adresse à un public de femmes rend le sexisme en plateau encore plus exaspérant. Car, bien évidemment, tous ces mâles savent comment pénétrer l'esprit des femmes, n'est-ce pas ? Le *whitewashing*, qui consiste à employer des acteurs blancs pour interpréter des rôles écrits à l'origine pour des personnes de couleur, provoque, et à très juste titre, un tollé général. Pourquoi est-ce que ce n'est pas le cas quand ce sont des hommes qui racontent des histoires de femmes ? Ça devrait légitimement soulever le même genre de questions ; ce n'est pas comme s'ils savaient le faire. Ils le font de sorte que ce soit juste assez bien. J'en ai marre du « assez bien », et le public aussi.

Au cours de ma seconde année dans *Charmed*, j'ai décidé de suivre une hypnothérapie. La monotonie de mon quotidien était tellement à l'opposé de mes rythmes naturels que je n'arrêtais pas de tomber malade. Et c'était parfois un environnement très stressant. À force de tout refouler, j'ai commencé à faire des crises de panique. On tournait dans un endroit appelé Woodland Hills. À la simple vue du mot *wood*, mon cœur s'emballait, et mes paumes devenaient moites. J'étais malade quatre ou cinq fois par saison. On tournait vingt-deux, voire vingt-trois épisodes. Au rythme de la télé, on pourrait tourner la moitié d'un long-métrage en huit jours. Deux années d'affilée, ma température est montée jusqu'à 39 °C. C'est évidemment les jours où j'étais le plus malade qu'on me faisait faire les pires cascades. Tomber dans une benne à ordures, par exemple. Ce sont les seules fois où je me suis autorisée à m'apitoyer sur mon sort. J'ai payé le fait d'avoir joué les dures à cuire sur le long terme. L'épuisement était réel, brutal. Douze à quinze heures de travail par jour pendant cinq ans, en mode « tu laves, tu rinces, et rebelote », je n'avais jamais connu ça. C'était un peu comme de bosser à la chaîne dans une usine de luxe.

Un jour, trois producteurs de *Charmed* se sont pointés tranquillement dans ma caravane pour m'informer que mon seul ami sur le plateau, Sam, avait été viré après qu'on l'avait pris à fumer de l'herbe à un arrêt de bus scolaire. Sam était cool, il n'avait rien à voir avec la clique habituelle de Spelling, avec ses dreads et son sourire sincère. J'étais vraiment triste, car Sam était le seul qui venait du même monde que moi. Mais j'ai dit que c'était mieux comme ça, que son âme avait besoin de liberté. Je n'ai pas pu m'empêcher de sourire quand j'ai demandé aux producteurs : « Et moi ? Si je fume de l'herbe sur le plateau, vous allez me virer ? Je serai libre ? » Quand ils m'ont répondu, mon sourire s'est envolé. « On saisira ton salaire, où que tu ailles. On te prendra tout ton fric, tu seras ruinée et tu ne retrouveras jamais de travail. » Tout ça avec l'air super sérieux de ceux qui ne plaisantent pas. Putain. Ce petit détour par Hollywood m'a fait prendre un coupe-gorge. Je suis tombée sur un nid de vipères. Sauf que mes vipères étaient des hommes blancs et riches, et le coupe-gorge, les studios de cinéma.

Ces hommes qui vous expliquent que vous serez punie si sévèrement que plus personne ne vous engagera jamais sont particulièrement terrifiants. Mais c'est une pratique très répandue à Hollywood. « Ne sors pas du rang, petite. Sinon on prendra la suivante dans la file. » Hollywood se nourrit d'un flot constant de jeunes femmes abîmées.

Si vous lisez ce livre à cause de *Charmed*, merci d'être un fan de la série et de mon personnage. J'ai pour vous de l'estime et du respect. Cette série a fait passer de bons moments à de nombreuses personnes et je suis heureuse d'avoir servi à ça. Je suis heureuse de savoir qu'en définitive, quelque chose de bien est sorti de cette période si difficile pour moi. Quand je dis toutes ces choses négatives à propos de *Charmed*, je parle de mon expérience personnelle. Pas de Paige Matthews, mon personnage, mais de moi, Rose. Mais on peut trouver du positif dans la plupart des situations, et c'est là-dessus que je veux me concentrer. Je suis fière de ce que j'ai accompli à cette époque. *Charmed* est longtemps restée la plus longue série de l'histoire à avoir été portée par des personnages féminins — et elle l'est peut-être encore aujourd'hui. J'aimerais qu'on nous reconnaisse au moins ça, parce que ce n'est pas rien.

En 2006, *Charmed* a tiré sa révérence. Le monde des médias avait changé ; la culture de la célébrité que j'avais laissée derrière moi cinq ans plus tôt n'était plus la même. Les sites de rumeurs faisaient la loi. Les paparazzis étaient d'une agressivité hallucinante. Les tabloïds faisaient leurs choux gras des facéties de Lindsay Lohan et des déboires de Britney Spears. Les célébrités étaient pourchassées, et pas seulement par les paparazzis ; il fallait craindre le public dans son ensemble. Tout étranger muni d'un téléphone était devenu un informateur potentiel. Pour la première fois, les gens postaient en temps réel l'endroit où vous vous trouviez, ce que vous disiez ou faisiez. N'importe qui pouvait rapporter les moindres faits et gestes des stars. Impossible de savoir d'où viendrait le prochain coup. Je devais vivre sans pouvoir rien dire, rien faire, de peur de passer pour la vilaine fille. Beaucoup, terrorisés à l'idée qu'on raconte n'importe quoi sur eux, restaient cachés. En tout cas, c'est ce que j'ai fait.

Je me sentais dépassée par le nouvel ordre du monde des médias. Il n'y avait pas d'Instagram pour faire entendre vous-même votre voix. Si on rapportait des mensonges sur vous, si on vous calomniait, ça se transformait en faits. Et calomniée, je l'ai été. Plutôt deux fois qu'une.

Même dans les endroits censés être sûrs — mon lieu de travail —, je me sentais traquée et chosifiée. Rien que les trajets à pied jusqu'aux studios de la Paramount étaient une source de stress ; je pouvais être sûre de croiser un petit train rempli de touristes qui me montraient du doigt et me prenaient en photo. C'est à peine si le guide ne disait pas : « Voici une actrice dans son habitat naturel. Il est interdit de la nourrir. » Se trouver du mauvais côté de l'objectif du chasseur donnait un terrible sentiment de vulnérabilité.

J'ai décidé de fuir l'Amérique quelque temps, dans l'espoir de trouver la tranquillité ailleurs. Une fois, j'ai été expulsée du Vatican par une trentaine de touristes allemands. Je n'aurais pas dû y aller ce jour-là, malade comme j'étais, mais je voulais désespérément visiter cet endroit. J'essayais de m'échapper en me cramponnant aux vieux murs de pierre, quand la foule m'a finalement rattrapée. Acculée, je me suis aplatie contre le mur. J'ai pensé : *Nous sommes au Vatican. L'œuvre de Michel-Ange a plus d'importance qu'une star de la télé, non ?* Je transpirais, terrorisée. J'étais en train de me faire bousculer quand un homme a fendu la foule dans ma direction. Je croyais qu'il voulait m'aider, au lieu de quoi il m'a attrapée par les cheveux et m'en a arraché une petite poignée. J'ai crié, je me suis débattue, mais j'étais encerclée. On aurait dit une meute de bêtes sauvages. Je ne voyais pas leurs yeux, seulement leurs appareils photo, et les flashs qui m'aveuglaient. Des mains me poussaient, me tiraient brutalement, à la place des visages je n'apercevais que des cercles blancs, des expressions lubriques. J'avais l'impression d'être dévorée vivante.

Il y a des limites à ne pas franchir. Ce n'est pas parce que vous *croyez* connaître une personne que cela vous autorise à la harceler ou même à la toucher. Cette personne qui vous semble familière ne vous doit rien de plus que n'importe quel autre être humain, à savoir la politesse. Alors soyez poli vous aussi, soyez respectueux, n'envahissez pas son espace vital, ne l'attrapez pas, ne l'étreignez pas, ne la poussez pas. Soyez civilisé et, normalement, on se montrera civilisé envers vous.

J'ai vécu cette interaction avec cette foule de « fans » comme une agression, un traumatisme. Mon cuir chevelu était à nu à l'endroit où on m'avait arraché les cheveux. Ce genre de situations arrive fréquemment.

La célébrité est une chose que beaucoup de gens croient désirer, mais face à la réalité, ils déchantent. On entend aussi : « Vous gagnez beaucoup d'argent », comme si c'était un gage de bonheur, de sécurité et de paix. Je tiens aussi à dire que votre système de valeurs n'est pas le mien. Quand j'en ai eu fini avec *Charmed*, mon attaché de presse m'a dit : « Si tu dois sortir et qu'il y a une caméra dans les parages, tu ferais mieux de faire venir quelqu'un pour te maquiller et t'habiller. » Surtout ne pas se montrer tel qu'on est au naturel. Surtout ne pas aller faire ses courses comme tout un chacun, avec des fringues qui vous plaisent à vous. Surtout ne pas porter quoi que ce soit plus d'une fois, comme le reste de l'humanité.

Les attachés de presse de Hollywood, dont on vous explique qu'ils sont indispensables, et qui vous coûtent environ 6 000 dollars par mois, vous disent comment vous comporter, comment vous habiller, comment parler — comment répondre à la presse. Ils attisent les peurs des acteurs et les manipulent par la menace. « Oh ! le studio sera très fâché si tu ne fais pas ceci. » Ils sont un rouage essentiel de la machine qui vous maintient dans le rang. Le comble, c'est qu'on les paie pour qu'ils nous fassent un putain de lavage de cerveau.

À la grande époque de Hollywood, les attachés de presse servaient à couvrir les frasques des acteurs. De nos jours, les acteurs se sont rangés, ou plutôt ils ont été matés. Surtout faire en sorte que le public n'apprenne pas que vous êtes un être humain comme les autres.

Quoi qu'il en soit, après *Charmed*, mon attaché de presse, qui me coûtait une blinde, m'a dit que j'avais besoin d'un styliste. Lui aussi, il coûtait une blinde. J'aurais dû me demander : *Pourquoi est-ce que je paie quelqu'un pour plaquer sur ma personne l'idée qu'il se fait de moi ? Je n'avais pas de styliste avant* Charmed *et je m'en portais très bien. Qu'est-ce qui a changé ?* Mais mon cerveau avait été retourné depuis si longtemps que ma boussole interne ne fonctionnait plus.

Quand des stylistes sont payés pour vous relooker, leur job consiste à vous rendre attirante selon des critères masculins. Ils ont une idée très stéréotypée de ce qui est sexy, de ce qui est « baisable ». C'est loin d'être sympa, et, croyez-moi, ils s'en sont donné à cœur joie. Ils ont fait de moi une espèce de folle en plastique. Et j'ai payé cher pour arriver à ce résultat.

Le plus bizarre, dans cette industrie, c'est qu'on vous repère parce que vous êtes unique. Pourtant, le système fait absolument tout pour supprimer cette particularité qui lui a tellement plu au début — un peu comme la société traditionnelle qui fait rentrer les enfants dans un moule. Quand on m'a découverte, j'avais un style qui m'était propre et une certaine rudesse ; à la fin de ma carrière, c'était bonjour les cheveux de Barbie et les yeux de biche. Toutes les photos de moi étaient photoshopées. Ce qui n'empêchait pas les gens sur Internet de dire que j'étais moche. Puis j'allais au travail incarner d'autres personnes. Le seul moyen de survivre à ça, c'est d'être en permanence dans un état de semi-déni. L'anormal devient la norme. Tout est sens dessus dessous.

Et c'est comme ça que je me suis perdue. J'ai acheté ma première œuvre d'art « importante » quand j'étais au sommet de ma « célébrité ». Elle représente une femme qui ressemble à un fantôme, ce qui traduit bien ce que je ressentais à cette époque. J'étais perdue dans le brouillard de la chosification et des malentendus.

Je m'étais perdue moi-même, à un point qui défie l'entendement.

DESTRUCTION

Un soir, à Cannes, je me suis rendue à une fête immense et glamour où je ne connaissais personne, vêtue d'une magnifique robe rouge en dentelle Dolce & Gabbana. J'ai fini par aller m'asseoir, seule, sur un canapé, car les foules ont tendance à m'intimider. J'ai remarqué un homme installé face à moi, seul lui aussi. Il portait un costume noir et un chapeau de cow-boy assorti. On est restés comme ça un moment, tels deux loups solitaires.

Il y a des instants qu'on regrette jusqu'à la fin de sa vie. Celui-ci en fait partie.

Je crois que j'ai fait une blague sur le fait qu'on était trop bien habillés pour rester seuls dans notre coin comme des loosers, et on a ri tous les deux. On a commencé à papoter, et j'ai compris que c'était un réalisateur célèbre. Putain, qu'il était beau. Il avait plusieurs films à succès à son actif, et à cette époque il était au faîte de sa gloire.

Il a dit : « Venez vous asseoir à côté de moi. » J'ai répondu, en toute honnêteté : « Non, je ne veux pas passer pour une actrice qui lèche les bottes d'un réalisateur. » Comme dans toute secte qui se respecte, à Hollywood, vous n'êtes pas censé parler à quelqu'un d'un statut supérieur au vôtre. Et même si j'étais la star d'une série télé à succès, je devais faire attention, car on a très vite fait de vous coller l'étiquette de courtisane.

Il m'a demandé mon âge, et je lui ai menti ; je crois lui avoir dit que j'avais vingt-huit ans, alors que j'en avais trente et un. Hollywood m'avait parfaitement conditionnée à ce stade. Et puis je jouais toujours des personnages plus jeunes que moi d'au moins cinq ans, ce qui tendait à fausser encore un peu plus ma façon de voir les choses. C'est mal, ce que tu as fait ! Tu as vécu ! Chaque anniversaire qui passe vous rend un peu plus folle.

Ça suscitait chez moi une Peur avec un grand *P*. La Peur de l'Avenir. Me projeter à un âge que je n'avais pas encore atteint m'angoissait au plus haut point. J'étais si pervertie par le Culte de la Pensée hollywoodienne que je combattais ma peur en essayant de contrôler le processus de vieillissement. Je voulais me figer dans le temps. Comme tant d'autres à Hollywood. Et la voix dans ma tête n'était pas la seule à me le dire ; les maquilleurs, les coiffeurs, les stylistes, les agents, les managers, complétez la liste, y allaient tous de leur couplet. Ils veulent qu'on reste jeunes pour pouvoir continuer à se faire du fric sur notre dos le plus longtemps possible. En tant que femme et en tant qu'être humain, je devais affronter le fait de vieillir et toutes les merdes qui vont avec, mais, en tant qu'actrice, il fallait que mon visage et mon corps rapportent de gros tas de billets à ma corporation. Ces gens dépendent de votre apparence pour faire bouillir la marmite et payer le crédit de leur voiture. De manière générale, le monde des médias interdit aux femmes de vieillir. On nous fournit, en toute transparence, un accès direct à des gens qui peuvent soi-disant nous figer dans le temps et qui sont chaudement encouragés à le faire. On a l'argent pour ça. Et on se déteste : nos photos sont aussi manipulées que notre cerveau. Le message est clair : nous ne sommes jamais assez bien, puissance un million. Nous sommes marketées de façon que vous, le public, puissiez nous envier, nous adorer ou nous haïr. La bonne vieille tradition de Hollywood, c'est de dire : « Ne voudriez-vous pas pouvoir nous ressembler ? » En tout cas jusqu'à ce qu'on abuse de la chirurgie esthétique, suscitant alors vos rires et vos moqueries. Les actrices passent beaucoup plus de temps qu'elles ne le devraient devant le miroir, ça en devient maladif ; ce n'est pas sain de devoir contrôler chaque détail de son visage parce qu'on sait qu'il sera observé par le monde entier ; ce n'est pas normal d'en arriver à croire qu'on a des dents d'un mètre cinquante. Il y a de quoi vous bousiller pour de bon. Je le sais, j'en ai fait les frais. Les actrices ont des raisons de franchir la ligne rouge ; j'avais l'impression de me prendre des coups de couteau. Je détestais ce que j'étais devenue et je voulais le détruire.

Pendant quatre ans, je n'ai eu quasiment aucun contact avec le monde en dehors de l'équipe de *Charmed*. J'étais à côté de mes pompes. Je ne savais plus qui j'étais. J'avais perdu mon épicentre. J'étais à la dérive. Une cible idéale pour les prédateurs de tout poil, mais je ne le savais pas encore.

Ce soir-là, au cours de cette fête dans le sud de la France, je ne connaissais rien de ce réalisateur, en dehors des films qu'il avait faits. Au bout d'un moment, je suis quand même venue m'asseoir à côté de lui. Le courant est tout de suite passé entre nous. Il y avait de l'électricité dans l'air.

Il allait devenir l'homme le plus important de ma vie, peut-être même plus que mon père.

La veille du jour où je l'ai rencontré, j'étais dans l'avion. Ma voisine m'a tendu un magazine féminin pour faire passer le temps. J'ai eu un flash-back de l'époque où je lisais ce genre de revues pour voir comment les femmes se comportaient, une fois adultes. Il y avait un quiz : « Quel est votre type d'hommes ? » Je l'ai fait et, selon mes résultats, l'homme qu'il me fallait était un aventurier, drôle, très intelligent, etc. Plutôt cool.

Quand j'ai rencontré cet homme, j'ai trouvé qu'il correspondait à cette description. Ces quiz seraient plus utiles s'ils vous demandaient ce que vous ne voulez PAS chez un partenaire. Car il y a beaucoup, beaucoup de choses dont je ne voulais pas, mais je ne m'étais jamais posé la question sous cet angle. Comme ce quiz, je m'étais toujours intéressée à ce dont j'avais envie. Or identifier ce dont on ne veut pas est plus important, car la réalité, c'est que nos rêves sont rarement à la hauteur de ce que l'univers peut nous offrir ; en connaissant les « non », on accède au « oui », et ce « oui » est plus estimable que ce que vous avez peut-être imaginé. Si j'avais compris ça avant, ça m'aurait permis d'éviter les hommes dominateurs, manipulateurs et violents.

Au début, notre relation est restée très platonique. Il m'a dit qu'il était marié, mais malheureux dans son couple. Qu'il venait d'une famille très traditionnelle, dans laquelle personne n'avait jamais divorcé. Il travaillait la nuit et dormait le jour ; sa femme vivait sa vie. Ils habitaient chacun dans sa maison dans un immense complexe immobilier au Texas et ils avaient prévu de se séparer quand les enfants seraient grands. Le genre de charabia que tous les hommes répètent en boucle, comme un disque rayé. Ça non plus, je ne le savais pas. Je le croyais. Je m'étais perdue, je ne demandais que ça. Qui sait, c'était peut-être vrai, pour ce que j'en sais.

Il m'a hypnotisée. Je le trouvais si beau. Et puis il avait une façon particulière, très enfantine, de voir le monde. Je n'avais jamais connu ça, et ça me fascinait.

RR m'a dit que j'étais la plus belle femme qu'il ait jamais vue. Il n'en revenait pas que je sois si intelligente et drôle. Il ne savait pas que les femmes pouvaient être marrantes. Il ne m'a pas crue, quand je lui ai dit que j'étais une actrice. À ses yeux, j'étais à part. C'était tellement gratifiant d'être considérée — en tout cas, c'est ce que je croyais — pour autre chose que mon apparence, de ne pas être réduite aux clichés de ma profession : prétentieuse, frivole, idiote, toutes ces choses dont beaucoup d'actrices, surtout les plus jeunes, sont accusées, parfois à raison. À Los Angeles, le mot « actrice » fait lever les yeux au ciel. J'avais honte d'en être une — je voulais qu'il me voie comme son égale. J'étais obsédée par l'envie de lui prouver que je n'étais pas comme tous ces gens à Hollywood, parce que lui aussi pensait qu'ils étaient le mal incarné. Mais le mal est partout, et le fait qu'il n'habite pas à LA ne signifiait pas qu'il ne bénéficiait pas de l'impunité que Hollywood consent aux hommes.

L'homme au chapeau de cow-boy m'a vendu son mode de vie, l'air de dire qu'il était supérieur au mien. Il prétendait avoir mené une vie bien sage, n'avoir jamais pris de drogue, fait la fête à outrance ni vécu d'expérience extrême, ce qui expliquait sa brillante situation, malgré son âge. Je l'ai cru. Pour moi, sa carrière était bien plus importante que la mienne ; le monde lui accordait en tout cas plus de valeur. Ma propre carrière n'était qu'une occupation, un truc qui, franchement, m'embarrassait. Récemment, j'ai compris que de nous deux, c'est moi qui étais la plus forte. Mais la plupart de ces hommes de pouvoir ne vont pas vous aider à prendre conscience de ça, loin de là. Pour eux, c'est leur carrière, pour vous, c'est un hobby.

Après Cannes, RR et moi n'avons eu aucun contact pendant trois semaines. Un jour, je lui ai envoyé un texto, pile au moment où il m'en envoyait un. Après, on s'est rendu compte que ça nous arrivait tout le temps. C'était un signe : nous étions connectés, quelque chose d'incroyable, de solide, nous unissait. Il m'envoyait un de ses T-shirts avec son odeur dessus dans un sac hermétique, et je faisais pareil. Nous sommes tombés très amoureux, très vite. C'était exaltant, et tellement plus intéressant que de faire semblant ; la (soi-disant) vraie vie commençait.

Prenez-en bien note : quand quelqu'un essaie de s'immiscer très vite dans votre vie et qu'il se précipite pour vous dire qu'il vous aime, déclenchez le signal d'alarme. Quel que soit votre désir de l'entendre, quelle que soit votre faim d'être *Vue* avec un grand *V*, quel que soit votre degré de solitude et d'impatience, comprenez que, très souvent, les hommes qui se comportent comme ça vont finir par s'en prendre à vous.

Le temps que RR révèle sa véritable identité, j'étais tellement amoureuse de lui que je n'ai pas compris ce qui était en train de se passer. Il était si parfait au début, un vrai gentleman ; je me suis dit que ça devait être ma faute, que j'avais dû faire quelque chose de mal, pour qu'il devienne si cruel, qu'il cesse de me respecter. Non. C'était son plan depuis le début. Consciemment ou inconsciemment.

Je le répète : si un homme vous déclare sa flamme trop vite, vous envahit et veut tout de suite passer aux choses sérieuses, c'est un piège. Sachez qu'il veut très probablement vous posséder et vous contrôler afin de se sentir puissant et important. Sachez que les choses vont changer. Essayez de repérer les signaux et les drapeaux rouges, car il y en a plein, et les femmes ont une fâcheuse tendance à les ignorer. Je n'ai pas vu l'évidence — vous voyez, il n'y a pas que la société qui vous mène en bateau ; on s'en sort parfois très bien toute seule. Il faut protéger les filles de ce genre de situations en leur disant dès la naissance qu'elles valent autant que les garçons. J'aurais bien aimé savoir ça. Savoir que nos carrières et nos efforts comptent tout autant, que nous avons autant de potentiel et de pouvoir au fond de nous-mêmes — sinon dix fois plus. Si on élevait nos filles correctement et qu'on ne leur bourrait pas le crâne avec des mariages de conte de fées et des princes charmants, des conseils de magazines féminins à la con comme « Comment plaire à votre mec ? » ou « Comment garder votre mec ? », elles seraient beaucoup moins nombreuses à se laisser séduire par ces dangers publics et à se retrouver dans des situations pareilles. Nous pourrions sauver beaucoup de vies. Quant à moi, je n'avais jamais été si éperdument amoureuse, en tout cas pas à ce point, pas au point de ne plus rien contrôler. J'avais encore une saison de *Charmed* à faire, le travail se mettait entre nous, ça m'agaçait. Nous étions totalement captivés l'un par l'autre. Je le voyais comme mon amant, mon ami, ma vie. C'était une obsession.

Nous nous sommes enfuis dans ma maison espagnole, à l'abri des paparazzis, des fans, du monde. À cette époque, je ne pouvais aller nulle part sans être suivie, enregistrée, espionnée. J'avais déjà l'habitude de vivre dans ma bulle avant qu'il n'entre dans ma vie, donc ça n'a pas été très compliqué de cacher ce qui se passait entre nous.

Un de mes plus grands regrets sera toujours de ne pas avoir mesuré les dégâts que nous causions, les dommages collatéraux et ceux que je me suis infligés à moi-même.

Sa femme et ses enfants étaient loin, au Texas. C'était facile pour moi de les ignorer. Je n'ai jamais parlé d'eux. Lui non plus, d'ailleurs. Pour moi, c'était comme s'ils n'existaient pas. Je ne voulais rien savoir. Je suivais son exemple. Il me disait parfois qu'il l'avait quittée, puis qu'il était revenu. Il s'était marié beaucoup trop jeune, à dix-neuf ans. La seule raison pour laquelle il restait avec elle, c'était que personne dans sa famille catholique n'avait jamais divorcé, il me l'avait dit. Je pensais : *Il faut juste un peu de courage. Pourquoi vivre ta vie d'une façon qui ne te correspond pas ?* C'était tellement égoïste de ma part. Et je crois aussi que cette vie de tromperie lui allait très bien. Mais à l'époque, je ne pensais pas comme ça. C'était « moi d'abord ». J'avais peur tout le temps. Peur qu'il parte, peur que l'homme que j'avais attendu me quitte. Je n'avais pas la moindre idée de ce dont j'avais vraiment besoin. Beurk. J'étais en demande, j'étais brisée, et je me sentais enfin entière à la lumière de son amour. J'en ai honte, aujourd'hui. Il y a une vieille chanson qui dit qu'on « cherche l'amour au mauvais endroit[1] ». Oui, c'est un bon résumé.

Il m'a poussée à couper tout contact avec mes amis, non que j'en aie eu beaucoup à Los Angeles, et avec ma famille. Il ne fallait surtout pas que quelqu'un puisse nuire à sa réputation. J'ai purement et simplement disparu des radars, encore plus que lorsque je tournais *Charmed.*

Cette liaison présentait beaucoup des caractéristiques des relations de ma mère. Je me disais que ce n'était pas *du tout* la même chose. Eh bien, si. C'était encore pire, un vrai copié-collé. Quel cliché. J'aimerais tellement pouvoir remonter le temps, me sortir de cet enfer. Et éviter de faire du mal à d'autres par la même occasion. Mais mon calvaire a duré cinq ans et demi.

Quelques mois après le début de notre relation, il m'a dit qu'il écrivait le rôle principal de son prochain film pour moi. Il s'agissait d'un diptyque dont l'autre volet serait réalisé par Quentin Tarantino. Tarantino et lui avaient passé les années 1970 à se gaver de ces films pulps qu'on appelle des *grindhouse*, toujours projetés par deux et séparés par de fausses bandes-annonces au milieu de la séance. Ils étaient copains comme cochons et heureux comme des gosses. Le film de RR s'appellerait *Planète Terreur*, ce qui, rétrospectivement, ferait un excellent titre pour une grande part de ma vie avec lui, et celui de Tarantino, *Boulevard de la mort.* Deux films graveleux faisant la part belle à l'exploitation des femmes, mais, dans leur genre, c'est du grand art, punks et tordus à souhait. Mais oui, la chosification y était à son comble, et la maltraitance que je subissais dans la vraie vie se doublait d'une dimension symbolique.

1. « Looking for love », Johnny Lee, 1980.

RR a commencé à me rendre visite sur le tournage de *Charmed* aux studios de la Paramount, et on se voyait dans ma caravane. On ne se cachait pas — il n'y avait rien de suspect à ce qu'un scénariste-réalisateur en train d'écrire un rôle pour une actrice vienne s'entretenir avec elle.

Je regrette sincèrement et je m'excuse publiquement pour le rôle que j'ai joué dans tout cela. J'ai de profonds remords pour la douleur et le chagrin que j'ai causés. Du reste, et ce n'est pas rien, j'aurais pu m'économiser quatre ans de vie et m'épargner à moi aussi la douleur et le chagrin. Mais, à l'époque, j'étais incapable de raisonner correctement.

J'ai confié à RR les détails de mon agression à Sundance très tôt, le premier ou le deuxième soir où nous nous sommes vus. Je faisais toujours ces cauchemars dont je me réveillais en hurlant, tremblante, les draps trempés. Un soir, je m'étais retrouvée assise à côté du Monstre à un gala de charité de l'amfAR. J'ai vu RR quelques heures plus tard. J'étais sous le choc. Il a bien sûr eu la réaction macho typique : « Je vais lui casser la gueule. » Ce qu'il n'a évidemment jamais fait. Voyez-vous, RR était un faux dur. Mais je l'ignorais. Je le croyais, j'attendais impatiemment le jour où mon agresseur se prendrait un coup de poing dans la figure.

J'étais très excitée à l'idée de travailler avec lui sur *Planète Terreur*, pour deux raisons : d'une part parce que le film avait l'air dingue, d'autre part parce que ça me permettait de revenir dans le cinéma par la petite porte. Le Monstre ne pourrait pas me saboter. Je me disais que si mon nom apparaissait au générique d'un film de Rodriguez ou de Tarantino, je serais protégée. Je ne serais plus blacklistée, je pourrais enfin travailler à un niveau qui correspondrait à mes ambitions et à mes goûts. J'avais une telle soif de nouveauté après avoir été spoliée de tant d'expériences et de rôles par un impitoyable Porc. En parlant de porcs, Tarantino était au courant de mon « arrangement » avec le Monstre avant même que je ne le rencontre pour le casting de *Boulevard de la mort*. Il m'a fait auditionner trois fois. La première fois que je l'ai vu (et il ne s'est pas privé pour me le répéter plusieurs fois au cours des années suivantes), il m'a dit : « Rose ! J'ai ton film *Jawbreaker* sur LaserDisc ! Si tu savais le nombre de fois que je me suis fait le plan où tu te vernis les ongles de pied ! C'est un plan serré de tes pieds, avec ton visage flou à l'arrière-plan. Je me le suis repassé tellement souvent ! »

Laissez-moi vous faire le décryptage :

« J'ai ton film *Jawbreaker* sur LaserDisc ! » Le mec a cassé sa tirelire pour un objet collector.

« Si tu savais le nombre de fois que je me suis fait le plan où tu te vernis les ongles de pied ! » Tarantino est un fétichiste des pieds, c'est de notoriété publique. Un pied nu lui fait le même effet qu'une paire de seins.

En d'autres termes, Tarantino s'était mis en frais pour pouvoir se branler devant mon pied et il me l'a dit ouvertement, à plusieurs reprises, devant témoins. Il avait fait l'offrande d'un peu de son précieux putain de sperme en or, qui évidemment surpasse tous les autres, à ma pauvre petite personne. J'avais de quoi être fière, non ? Il est temps que les hommes comprennent que leur semence n'est pas si précieuse que ça.

RR m'a dit qu'il allait devenir mon sauveur dans l'industrie du cinéma, et je l'ai cru. C'était mon chevalier au chapeau de cow-boy étincelant. Il m'a bourré le crâne avec ça. Quelle chance j'avais d'être avec lui. J'ai honte, mais la secte Hollywood m'avait si bien programmée — l'homme sera ton sauveur — que j'ai tout gobé.

RR était férocement jaloux. Au début, comme beaucoup d'autres, je trouvais ça flatteur.

S'il voyait une vieille photo de moi avec un ex, ou qu'il

entendait la moindre référence à l'un d'eux, ça le mettait dans une rage folle. Il pouvait aller jusqu'à jeter son ordinateur portable par la fenêtre. Grâce à la presse, il savait avec qui j'étais sortie par le passé, et ça le rendait fou.

Quand il se mettait en colère, ses yeux semblaient virer au noir. Comme ceux de mon père. Il est grand, très large d'épaules. Ses accès de fureur dépassaient le stade de l'intimidation : j'étais terrorisée. Lorsque ça arrivait, je criais, je hurlais. J'avais l'impression que mes cheveux étaient soufflés vers l'arrière par l'explosion. Ces crises étaient fréquentes. J'en suis venue à me cacher pour les éviter.

Un cycle régulier s'est mis en place. Il m'accusait de péchés imaginaires, et je m'efforçais d'éteindre le feu avant l'explosion. C'est comme ça que ça marche. Vous commencez à dissimuler des pans de votre passé, à faire toutes sortes de choses afin de prouver que vous n'êtes pas coupable de ce dont on vous accuse.

À ce stade, vous êtes en mode réaction. C'est en général ainsi qu'agit un manipulateur pour vous maintenir dans une instabilité permanente. Quand vous passez votre temps à essayer d'étouffer les débuts d'incendie et d'éviter les réprimandes, vous commencez à contrôler vos paroles, à tout surveiller, à espérer qu'une photo de vous avec un autre type ne refasse pas surface sous peine de déclencher l'Armageddon.

Il pouvait se montrer très, très vicieux, et causer de gros dégâts. Une de ses phrases récurrentes : « Je t'ai moissonnée au meilleur moment. » Je t'ai moissonnée au meilleur moment. Autrement dit, à l'âge où une femme est la plus belle. C'est aussi dégueulasse que ravageur sur l'esprit d'une femme. Je m'angoissais et je paniquais à l'idée de vieillir, à l'idée que « le meilleur moment » ne durerait pas longtemps, que je devais faire tout ce qui était en mon pouvoir pour demeurer parfaite. Autrement, que me resterait-il ?

Il est devenu très vite normal pour moi d'être en état de stress permanent. J'étais tellement amoureuse de lui. RR se réconciliait avec moi par intermittence, bien sûr, et il pouvait se montrer génial l'espace d'une journée. Il me montrait la pureté, la lumière et la magie de son âme, telle une luciole que je ne demandais qu'à attraper au vol. Mais alors la luciole se changeait en Godzilla cracheur de feu.

Quand, plus tard, RR m'a demandé de l'épouser, ce qui était d'une absurdité sans nom, je n'ai pas su quoi faire. La seule pensée qui me traversait la tête était : *Ne me demande pas en mariage au Texas. Je hais le Texas. Je ne veux pas que le souvenir de cet instant soit associé à cet endroit.* Mais il l'a fait. Et j'ai dit oui, surtout parce que je ne savais pas dire non.

J'ai répondu oui pour ne pas le blesser. Je ne savais pas dire non, parce que je n'avais jamais vu personne le faire dans la culture populaire. On ne montrera jamais une femme refuser une demande en mariage. Seulement des filles surexcitées parce qu'un homme les a enfin choisies. Super.

La politesse est une malédiction bien ancrée chez les jeunes filles et chez les femmes. C'est le sujet de *Dawn*, le court-métrage que j'ai mis en scène. Tout ce que j'ai dit à l'acteur principal, c'est : « En gros, elle, c'est une souris, et toi, tu es un cobra royal qui va l'hypnotiser, lui embrouiller l'esprit, pour qu'elle ne voie rien venir. » C'est comme ça que les hommes et Hollywood se sont comportés envers moi. C'est ce que les filles doivent subir. On les envoie dans le monde, les mains liées dans le dos par la politesse, à la rencontre des loups. Ça nous tue. J'ai lu quelque chose à propos d'une fille à qui son voisin proposait toujours son aide pour porter ses paquets jusqu'à chez elle. Comme elle refusait chaque fois, il a fini par l'accuser d'être le genre de fille qui croyait n'avoir besoin de personne. Elle a cédé, et bien sûr elle s'est fait agresser. Voilà ce qui arrive quand on est polie.

Quoi qu'il en soit, j'ai dit oui à RR, quand bien même je ne nous voyais pas mariés. Les fiançailles ont affolé les médias. Perez Hilton, ce chroniqueur people sournois, s'est mis à écrire « PUTE » sur mon visage tous les jours. Mais pas sur celui de RR.

On habitait dans son château — littéralement. Le précédent propriétaire avait ajouté des tourelles et tout un tas de trucs à un ancien château d'eau. Il l'avait vendu tel quel à RR, qui avait fait réaliser une fresque géante à mon effigie pour orner le plafond au-dessus de l'escalier. Un nu de 1,80 mètre. C'est très bizarre de lever les yeux au ciel et de tomber sur son corps nu. J'étais épinglée là-haut, « au meilleur moment ».

Il s'adonnait à ce qui me semblait être des jeux de pouvoir chaque jour un peu plus cruels. Je lui avais dit que j'avais toujours voulu avoir une petite fille, que j'appellerais Cherry Darling. Je ne me voyais pas spécialement avoir un enfant avec lui ou avec quiconque en particulier, mais cette enfant était assez réelle à mes yeux pour que je lui écrive des lettres qu'elle lirait quand elle serait grande. Et RR a dit : « Je vais donner ce nom au personnage que j'écris pour toi. Tu ne pourras jamais avoir d'enfant avec un autre homme et l'appeler Cherry Darling. Ce sera notre bébé, pour toujours. Le fruit de notre union. » Ça aurait vraiment dû être le point de rupture. Nommer ainsi le personnage n'était ni plus ni moins qu'un vol. Car il avait raison : après ça, je ne pourrais plus appeler ma fille Cherry Darling.

Malgré ma confusion, le rôle de Cherry Darling était en train de devenir génial. Un matin, il m'a appelée au saut du lit pour me lancer : « Une jambe mitraillette. C'est ça. Elle a une jambe mitraillette. » J'ai répondu : « Excellent ! » J'adorais son imagination. Le rôle était écrit pour moi.

Beaucoup des répliques de Cherry Darling étaient inspirées par des choses que j'ai vraiment dites, parfois mot pour mot, et son comportement était calqué sur le mien. Il s'agit probablement de son personnage féminin le plus abouti, un des seuls qui ne soient pas une caricature sexy. Cela étant, Cherry Darling tenait quand même plus du fantasme sexuel que de l'être humain. Après tout, c'était une go-go danseuse. Mais je me suis battue pour Cherry. D'ailleurs, dans le film, elle sauve le monde.

Boulevard de la mort, la moitié de *Grindhouse* signée par Tarantino, met en scène des grosses voitures et des femmes qui meurent dans des conditions horribles.

Le sort des femmes dans *Boulevard de la mort* est dérangeant. Hollywood ne voit aucun mal à autoriser la maltraitance des femmes et à appeler ça de l'art. Je ne crois pas qu'on comprenne bien que lorsque le public avale cette merde, on le programme en le désensibilisant. On lui apprend à voir les femmes comme des objets. Le poison s'infiltre dans le spectateur qui, lorsqu'il rentre chez lui, se fait le miroir de ce comportement. Et vous pouvez me croire, le contenu latent trouve toujours son chemin jusqu'à votre cerveau.

La façon dont les femmes sont traitées à l'écran donne une bonne indication sur ce que le réalisateur pense d'elles, le peu de valeur qu'il leur accorde. Tarantino a toujours été encensé pour ses personnages féminins forts. Mais regardez ce qu'elles traversent. Il leur fait endurer le pire pour votre plus grand plaisir. Certes, Zoe Bell, Tracie Thoms et Rosario Dawson bottent des culs, mais voyez ce qui arrive aux autres. Sidney Tamiia Poitier, la fille de Sidney Poitier, jouait le rôle de Jungle Julia. Tarantino était tout le temps sur son dos parce qu'il trouvait qu'elle ne faisait pas assez fille de la rue. C'était tellement embarrassant. Elle meurt lorsqu'une voiture la coupe en deux par le vagin. Sa jambe démembrée passe à travers la fenêtre. Une autre femme a le visage écrasé par un pneu qui dérape. Mon personnage, Pam, est torturée dans une voiture et se fait fracasser le visage contre le plexiglas avant de passer l'arme à gauche. Ce que les femmes de Tarantino gagnent en force, elles le paient en brutalité. Mais une fois de plus, tout va bien, ce ne sont que des femmes.

Je voulais que la Pam de *Boulevard de la mort* se distingue vraiment de Cherry dans *Planète Terreur.* Cherry devait paraître aussi angélique que sa mort serait violente. Je me disais : *Si je fais d'elle un ange, le public ressentira peut-être quelque chose pour elle avant qu'elle tire sa révérence.*

Le tournage a commencé, et le cauchemar aussi. Je jouais *Charmed* de jour pendant la moitié de la semaine à LA, puis je m'envolais pour le Texas pour tourner *Planète Terreur* de nuit l'autre moitié de la semaine. La série touchait à sa fin, après presque cinq années où on a travaillé à un rythme infernal. J'étais exténuée, écrasée de fatigue. Mais RR n'arrêtait pas de répéter à quel point il détestait les acteurs qui se plaignaient en plateau. Donc, je ne l'ai jamais fait. J'aurais dû. C'était un emploi du temps de dingue. Je reprenais l'avion le lundi matin à six heures après une nuit de tournage, l'attrapant de peu chaque fois. Quand j'atterrissais à LA, je devais foncer aux studios de la Paramount et devenir une tout autre personne, un personnage entièrement différent, Paige. Mon esprit, déjà fragilisé, commençait à s'embrouiller.

Cherry était toujours très peu vêtue dans *Planète Terreur*, m'obligeant à m'enduire de crème bronzante ; ça me donnait l'impression d'être quand même un peu couverte. On utilisait une bombe aérosol pour les jambes. J'avais appris ce truc d'un de mes copains artiste drag-queen, ça tient en toutes circonstances. Je vais sûrement choper une maladie grave un jour, car, avec la maquilleuse, on me vaporisait quotidiennement l'intégralité du corps dans le petit espace confiné de ma caravane. On vidait une grande bombe par jour. Et comme on tournait dans le milieu très humide du Texas, ça ne séchait jamais. Je laissais des traces orange partout où j'allais. Je ne montais jamais dans l'avion pour LA sans une boîte de lingettes pour bébé, et je passais le vol à me débarbouiller. Paige ne pouvait pas être bronzée. J'avais l'impression de muer.

On tournait *Planète Terreur* de nuit, jusqu'au petit matin. RR travaillait toujours avec la même équipe de techniciens, qui du coup le connaissaient tous très bien. Ils me considéraient comme l'outsider, et tout le monde savait que nous étions ensemble. Et la productrice n'était autre que sa femme — dont il était à présent officiellement séparé. Tous trouvaient ça bizarre et cruel. Lui comme moi le ressentions comme une torture psychologique.

RR avait casté ses nièces pour jouer les « jumelles baby-sitters » — elles n'avaient même pas de nom. La caméra filme leur corps de haut en bas en s'attardant sur leurs seins. La sexualisation est évidente. Dans la scène, les deux filles sont allongées sur un canapé et chacune fait remuer les seins de l'autre avec ses pieds. Leur propre *oncle* leur demandait de faire ça. Ces mecs se foutent complètement des dégâts qu'ils causent sur l'image qu'une fille se fait d'elle-même. Ils se sentent totalement dans leur bon droit. J'étais écœurée, mais je n'avais pas encore suffisamment pris mes distances avec l'industrie du cinéma, et encore moins avec RR, pour en tirer les conséquences qui s'imposaient. Je savais seulement que ça me perturbait énormément, et que, malgré le silence général, c'était très mal.

Mais la plus grosse perversion restait à venir. RR a écrit une scène où Quentin essaie de violer mon personnage, alors qu'il était parfaitement au courant de ce qui m'était arrivé avec le Monstre. Je ne savais même pas comment mettre des mots sur une telle ignominie, donc je n'en ai mis aucun. Peut-être a-t-il pensé que serait cathartique pour moi ? J'ai adoré planter ma jambe de bois cassée dans l'œil de Quentin Tarantino. Mais il faut arrêter de se servir du viol comme ficelle narrative. Pour commencer, c'est trop facile. Il y a plein d'autres façons de transformer un personnage féminin en *badass*, ou de le motiver à entrer dans l'action. Pire : ça relève de l'exploitation. Pire encore : ça ravive le traumatisme des femmes qui ont été violentées ou violées, et c'est très difficile pour l'actrice, qui doit fait semblant d'être agressée, avec le réalisateur qui ne la lâche pas d'une semelle et essaie de faire en sorte que le spectateur la trouve chaude. C'est presque impossible de ne pas ressentir la réalité d'un viol.

C'est peu de temps après le début du tournage que toutes ces histoires inexactes à propos de RR et moi ont commencé à sortir, comme quoi on venait de se rencontrer sur le plateau, qu'on s'envoyait en l'air dans la caravane, etc. Ces rumeurs étaient relayées par des sites de merde comme celui de Perez Hilton, *E !*, ou des journaux comme le *New York Post*.

Bien sûr, dans les médias, c'est moi qui en prenais plein la gueule, pas RR.

Le tournage était physiquement éprouvant. Je suis du genre à me mettre la pression, mais RR m'a poussée dans mes retranchements, comme s'il voulait me punir. Il fallait que je coure plus vite que n'importe qui, même si je portais une botte à talon de dix centimètres d'un côté et un moule de quatre kilos simulant une mitraillette sur l'autre jambe. Mon corps en a gardé les stigmates.

Dans une scène, je devais sauter par-dessus un mur haut d'un étage et demi. Si je ne courais pas assez vite jusqu'à un certain endroit (avec mon talon et mon moule), je manquais les gros câbles prévus pour me hisser jusque-là haut. Une fois sur l'arête de ce grand mur de ciment, je devais me tenir à la verticale, les bras écartés, puis me laisser tomber à l'horizontale, face vers le bas, parfaitement parallèle au sol, tout en m'agrippant aux câbles, sans quoi ils auraient été arrachés. Et je l'ai fait. Mes années de danse m'ont été très utiles chaque fois que j'ai dû faire des choses physiques dans mes films.

Je me considère comme plus coriace que la moyenne. Ce qui est un peu stupide, car ça m'a valu pas mal de blessures. Mais j'ai toujours mis un point d'honneur à ne pas être le genre d'actrice qui se plaint à propos de tout. Quand une des filles avec qui je travaillais arrivait avec ses gros sabots sur le plateau en lâchant : « Je ne suis pas assez payée pour ces conneries » devant toute l'équipe, argh, j'aurais voulu que le sol m'avale tellement j'avais honte pour elle. Je me disais : *Mais d'où tu sors ? Est-ce que tu sais à quel point le monde est dur, dehors ?* Travailler d'arrache-pied pour manifester que je n'étais pas comme les autres est devenu une obsession. J'aurais dû m'échiner à me protéger plutôt qu'à prouver ma valeur à ces hommes.

RR était de plus en plus méchant, et de plus en plus fou. Il ne me laissait pas dormir plus de trois heures par nuit. Une fois, de retour à LA, je suis rentrée chez moi un soir, je suis allée dans ma chambre et j'ai hurlé. Il y avait un homme avec un chapeau de cow-boy dans mon lit. Ce n'était qu'un mannequin. Je ne sais absolument pas pourquoi RR l'avait mis là, mais à l'époque je pensais que c'était pour me faire peur, si jamais il me venait à l'idée de de le tromper. J'avais l'impression que c'était une étape de plus dans ce qui me semblait être une campagne d'intimidation, dont le but était de me déstabiliser pour me contrôler totalement.

Au début du film, je pesais 56 kilos, et je suis descendue jusqu'à 48. RR m'engueulait tous les jours parce que j'étais trop maigre, mais j'étais trop stressée pour manger ; même l'eau ne passait pas. On voyait mes côtes.

Mon seul réconfort durant cette période, une fois encore, est venu de mes deux terriers de Boston, Bug et

Fester, mes deux gargouilles bizarres et si mignonnes, toujours avec moi en plateau. Ils ont fait plus pour moi que n'importe quel être humain. Dormir avec mes chiens blottis contre moi était quelque chose que même RR ne pouvait pas m'enlever. Ils étaient mon seul abri au cœur de la pire tempête que j'aie connue.

Un soir, RR a fait irruption dans ma caravane aux alentours de minuit, juste avant le « déjeuner » — on démarrait la journée de travail à quatre heures et demie de l'après-midi et on rentrait chez nous vers 8 heures du matin. Devant moi, il a appelé Jessica Alba pour lui demander si elle pouvait venir finir le film à ma place, parce qu'il pensait que je n'en serais pas capable. Pour moi, il a fait ça dans le seul but de me torturer ; je ne savais même pas si elle était réellement à l'autre bout du fil. Je me suis assise et j'ai pleuré. J'ignore toujours s'il lui parlait pour de vrai, ou s'il faisait juste semblant.

J'ai été choquée quand il m'a dit que son métier était plus dur que celui de mon frère, qui se battait en Afghanistan à l'époque.

Il pouvait se mettre en colère si son blanc de poulet n'était pas cuit exactement comme il le fallait. C'était un enfant gâté. J'ai compris à ce moment que je détestais RR. J'avais mis le temps, et maintenant il était trop tard. J'étais piégée. Une fois de plus, l'épuisement m'empêchait de réfléchir correctement. Je ne voyais aucune issue.

Vous savez, quand vous dites : « Le réalisateur m'a fait vivre l'enfer sur le plateau », les gens vous répondent invariablement : « Peut-être qu'il cherchait à te briser pour te faire entrer dans la peau du personnage. » Non, mon personnage était la femme la plus forte qui soit. Elle sauve le monde. Là, il s'agissait simplement d'un abus perpétré par un homme ivre de pouvoir, sans personne pour lui tenir tête. Et quand personne ne se lève pour prendre votre défense, vous arrêtez d'attendre de l'aide de l'extérieur. C'est lourd de conséquences. J'ai commencé à avoir l'impression de glisser hors du monde. J'étais en train d'y laisser ma santé mentale et je ne savais pas vers quoi ou vers qui me tourner.

Mais il était hors de question que ce qui se passait en coulisses affecte mon travail. Si le nom de mon enfant devait m'être volé au profit de cette femme, alors j'avais le devoir de la protéger. Malgré le traumatisme psychologique, la folie, le manque de sommeil, la perte de poids, les attaques permanentes de toutes parts et la solitude dont j'ai souffert, je suis fière de ce que j'ai accompli. Je suis vraiment fière du personnage que j'ai créé. Être physiquement invincible, mais émotionnellement vulnérable tout en restant sexy, n'a pas été facile. S'il existait un Oscar de la souffrance, j'aurais été la grande favorite.

De retour en plateau, il y avait cette scène où je devais faire un pont au-dessus d'une autre actrice. RR n'arrêtait pas de dire : « Plus haut. Plus haut. Ton pont n'est pas assez haut. » Faire un pont avec un talon de dix centimètres est en soi une gageure, mais avec l'autre jambe prise dans l'étau rigide d'un moule, ça relève de l'impossible. Je lui ai dit que mon bras me faisait souffrir et que je n'y arrivais pas. Il a continué à me mettre la pression. J'ai vraiment fait de mon mieux pour le satisfaire, le corps tendu à l'extrême. Il a dit : « Monte encore ton dos. » J'ai rassemblé mes dernières forces, et *CLAC*. J'ai senti mon bras céder, comme un câble dans une cage d'ascenseur. Une douleur fulgurante m'a mis les larmes aux yeux. Je les ai refoulées et j'ai terminé la scène. Je ne le savais pas encore, mais le claquement que j'avais senti était une lésion nerveuse grave, qui finirait par paralyser mon bras dominant. J'ai cru que j'allais m'évanouir de douleur.

On ne m'a pas emmenée à l'hôpital, mais à l'extérieur, où on devait tourner la scène suivante, celle où mon petit ami meurt dans mes bras. Oui, RR savait que mon ex, Brett, avait été assassiné, et il ne pouvait pas ignorer que cette scène me remettrait dans l'état dans lequel j'étais quand il est mort, mais il l'a quand même tournée sans se soucier des conséquences. Son « art » imitait la vie. Même si mon petit ami fictif mourait d'une pseudo-attaque zombie, je devais malgré tout retraverser les émotions par lesquelles j'étais passée à l'époque.

Je souffrais le martyre à cause de mon bras, mais voir le corps de mon faux petit ami sous moi couvert de faux sang, et se laisser pénétrer par les émotions que suscitait sa mort… c'était pire, croyez-moi. Les acteurs trompent et malmènent leurs émotions, n'invoquant la douleur que pour la renvoyer aux oubliettes lorsqu'ils entendent le mot : « COUPEZ ! » Je crois que l'art dramatique est une forme d'automaltraitance. Prise après prise, vous éveillez en vous des émotions terribles pour les museler quand la caméra cesse d'enregistrer — sauf à mettre tout le monde mal à l'aise sur le plateau. J'ai pleuré jusqu'à ce que RR dise : « Coupez ! » pour la dernière fois. J'étais au plus bas, percluse de douleurs, exténuée. Aucun repos n'était prévu, car le noyau dur de l'équipe du film devait se rendre à la ComicCon, la plus grosse convention de BD et de cinéma. Je devais faire une apparition pour en mettre plein la vue aux « fans ». En d'autres termes, être « sur le coup ».

Là-bas, le coude dans une énorme poche de glace, j'ai signé des centaines de posters, quand je ne restais pas assise, affichant un sourire vide. Mon bras était à l'agonie. Je prenais des pauses pour aller pleurer aux toilettes, mais — parfait exemple de mon entraînement de « bonne fille » de Hollywood —, quand je devais le faire, je me penchais en avant de façon que mes larmes tombent par terre plutôt que sur mon visage. Pas question de foutre en l'air mon maquillage.

J'ai réussi je ne sais comment à finir le film. La douleur dans mon bras ne faisait qu'augmenter. Je perdais complètement le contrôle. Je ressemblais à un squelette. J'étais très sportive : je pratiquais les arts martiaux, la boxe, je m'entraînais pour les cascades. À présent, je ne pouvais plus tenir un stylo ou une fourchette de cette main sans ressentir une douleur terrible. Il faut avoir souffert du même problème pour se le représenter — imaginez une tempête électrique qui traverse tout votre corps.

Le coup suivant a été le pire de tous. RR a vendu son film à mon Monstre. Vous ne rêvez pas, c'est bien son studio qui allait distribuer le film. Je n'ai pas les mots pour vous dire ce que ça a été d'être livrée à l'homme qui m'avait agressée sexuellement et terrorisée à vie. J'ai dû me rendre à des événements presse avec le Monstre, me faire prendre en photo avec lui, sa grosse patte adipeuse m'attirant contre son corps. Au final, le film a fait un flop. Je pense que sa promotion déplorable en est largement responsable. Mais, pour vous dire la vérité, j'étais bien contente qu'il se plante. J'étais satisfaite que ces hommes ne se fassent pas un sou sur mon dos.

Rien n'allait plus, la folie ne faisait qu'empirer. L'outrage est devenu la norme. C'est ce qu'on dit des relations perverses. C'est ce qu'on dit des sectes. C'est particulièrement vrai dans le cas de la secte Hollywood.

Quiconque en a été victime le sait, le culte de Hollywood vous brise. Gentiment d'abord, en vous susurrant des : « Je t'accepte » d'une voix douce. Ils vous murmurent avec amour et dévotion que personne ne vous aimera jamais autant qu'eux. Exactement comme un gourou. Et c'est ce qui les rend si dangereux. Alors que mon bras était encore dans le plâtre, j'ai décidé que le moment était bien choisi pour cette opération des sinus que j'avais toujours repoussée. Je souffrais d'infections chroniques depuis toute petite, et je ne respirais presque plus de la narine droite. Quand je suis allée voir le chirurgien ORL, quelque chose s'est très mal passé. Les points d'une suture allant de mon sinus jusque sous mon œil droit me passaient par-dessus la peau. Je ne comprends toujours pas. Le docteur m'a dit de rentrer chez moi, me certifiant que ça ne laissait pas de cicatrice à cet endroit. J'ai attendu que le trou se rebouche, mais ce n'est pas arrivé. Au bout d'une semaine, je suis allé voir un chirurgien esthétique, qui s'est chargé de transformer ce point en une fine ligne.

J'ai dû faire de la chirurgie réparatrice sur cet œil, puis, comme ainsi il avait été légèrement remonté, j'ai dû me faire surélever l'autre œil d'un millimètre pour qu'ils soient au même niveau. Je l'ai dit à mes attachés de presse, qui m'ont conseillé de prétendre que j'avais eu un accident de voiture. Avec le recul, je ne vois pas en quoi ça avait une quelconque importance, mais j'ai suivi le conseil. Et donc, c'est devenu la version officielle pour la presse. Peu de temps après, une photo de paparazzi m'a montrée avec une fine cicatrice sous l'œil. Ça a alimenté des rumeurs de chirurgie esthétique. J'ai atterri dans le magazine *Star* et dans la rubrique « Knifestyles of the Rich and Famous[1] » de *Life&Style*[2]. Ils avaient mis côte à côte deux photos de moi avant/après. Perez Hilton s'en est donné à cœur joie : « Quel âge a-t-elle ? 65 ? 75 ? 85 ? »

Au cours de l'année suivante, je suis allée voir un médecin quatre fois par semaine, qui enfonçait une aiguille de part et d'autre de ma cicatrice afin de broyer le tissu cicatriciel. Des lasers m'ont brûlé la chair pour aplanir le nœud de peau en trop. Le traumatisme, la douleur et le harcèlement n'étaient que trop réels.

Un soir, je me suis effondrée. Recroquevillée dans ma baignoire, j'ai ouvert les vannes en grand. J'ai gémi, j'ai

1. Jeu de mots contractant « lifestyle » (style de vie) et « knife » (couteau). Cette rubrique montre des photos avant/après de stars ayant subi des opérations de chirurgie esthétique.

2. *Star* et *Life&Style* sont deux célèbres tabloïds people.

pleuré. Je voulais que tout s'arrête. Mais je suis sortie de cette baignoire, je me suis séchée et j'ai relevé la tête.

J'étais terrifiée, malheureuse, brisée et perdue. Le point de rupture n'était plus très loin.

Dix mois après la fin du tournage de *Planète Terreur*, j'ai décroché une couverture de *Rolling Stone*, avec Rosario Dawson. Même moi, ça m'a excitée. La couverture de *Rolling Stone* représente le Graal pour une actrice. C'est un repère culturel. En réalité, ça a été le point critique qui a fini par me faire rejeter en bloc le lavage de cerveau de Hollywood, et qui m'a aidée à me retrouver.

Je me suis pointée au shooting, j'ai salué le photographe, avec qui j'avais déjà travaillé par le passé pour le *New York Times*. C'est là que j'ai remarqué qu'il manquait quelque chose. « Où sont les fringues ? »

Il m'a regardée naïvement. « Oh ! il n'y en a pas. On a eu une super idée ! Vous serez cul à cul avec Rosario, le seul truc que vous allez porter, ce sera une ceinture de munitions. C'est pas la CLASSE ? C'est pas génial ? »

Encore une manifestation de misogynie. J'ai pris sur moi, enfilé cette putain de ceinture et je me suis hissée sur une cagette afin que mes fesses soient au niveau que celles de Rosario (qui est plus grande que moi). Ils ont essayé de recréer le regard de Cherry Darling, avec ses cheveux XXL et son bronzage factice, mais personne n'a réussi à me rendre aussi orange que j'avais besoin de l'être pour cette connerie.

Alors que je me tenais là, les lèvres retroussées, les fesses contre celles de Rosario, j'ai eu un éclair de lucidité.

Un photographe gay me montrait telle qu'il pensait qu'un hétéro voudrait me baiser, pour le compte d'un metteur en scène hétéro, qui lui-même me montrait telle que son cerveau de petit garçon m'imaginait, pour le compte d'un studio qui me montrait telle qu'il vendrait un maximum de billets à des hommes et à des garçons. Le regard masculin est une réalité, mesdames et messieurs, et il est profondément enraciné en nous.

Je devais faire quelque chose, je ne pouvais plus laisser ma vie m'échapper ainsi. L'inconvenance de mon existence me rongeait. J'avais l'impression qu'une alarme sonnait en permanence dans ma tête pour me prévenir, mais de quoi ? Je devais changer quelque chose.

Et puis j'ai vu la couverture de *Rolling Stone* chez un marchand de journaux. J'ai reculé de quelques pas, lentement, les yeux grands ouverts. La photo ne me ressemblait pas du tout. Cette couverture était censée représenter l'apogée de ma carrière d'actrice, et je ne m'y reconnaissais même pas. L'alarme a redoublé dans ma tête. *Réveille-toi, Rose. Réveille-toi, Rose.*

J'ai fixé le magazine, en me demandant : *Qui est cette personne ? Qu'est-ce qu'ils t'ont fait ? Alors, on en est là ?* Toutes ces années de sexualisation cristallisées en une seule image. Il y a une différence entre être sexualisée et être sexy. Il n'y a aucun mal à être sexy. La sexualisation, c'est quand les autres vous rendent sexy dans leur propre intérêt. J'ai ma part de responsabilité. Je n'ai pas dit non, mais, comme tant de femmes dans des sectes, je ne savais pas que je le pouvais. J'avais perdu ma voix. Je *m*'étais perdue. Mais mon *moi* essayait désespérément de me réveiller.

DEUXIÈME PARTIE

ET TU RETOURNERAS À LA POUSSIÈRE

Rétrospectivement, si je devais changer une seule chose, ce serait celle-ci : j'aurais aimé savoir bien plus tôt que j'étais une artiste. J'aurais commencé à diriger bien plus tôt. Je me serais mise à chanter et à danser bien plus tôt. Il aurait fallu que quelqu'un me dise quelque chose pour que le déclic se fasse, mais, comme vous avez pu vous en rendre compte, je n'avais pas vraiment d'exemple sous les yeux. Je ne vois pas comment j'aurais pu devenir celle dont je rêvais, car ça n'existait pas. Et la secte ne veut pas que vous connaissiez votre valeur, et encore moins que vous sachiez que vous êtes libre.

J'ai commencé petit à petit. Je me suis remise à prendre soin de mon corps. Puis de mon esprit. C'était le début d'une longue route.

Je souffre de cyclothymie, autrement dit d'une tendance à la dépression, que je combats avec un régulateur de l'humeur. Il n'y a aucune honte à ça. La dépression a vraiment pris de l'ampleur après mon agression, et il m'est devenu impossible de la gérer seule.

Je n'en parle que dans la mesure où ça aidera peut-être ceux qui souffrent eux aussi du « méchant blues », comme je l'appelle. Je sais maintenant qu'il ne faut pas avoir peur de demander de l'aide à un professionnel de santé lorsqu'on a ces troubles de l'humeur. Essayez une chose et, si ça ne fonctionne pas, essayez-en une autre. Il est aussi difficile de trouver le bon protocole qu'une aiguille dans une botte de foin, mais ça peut vous changer la vie. C'est comme d'ouvrir des volets, non seulement vous retrouvez la vue, mais le soleil entre dans votre existence.

C'est comme ça que j'ai entamé le processus consistant à remettre ma vie sur des rails et à tourner le dos à Hollywood. J'ai mis cette période de guérison à profit pour renouer avec mon père. Il avait passé ces dernières années à nous chercher, mes frères, mes sœurs et moi, pour réparer les pots cassés. Il n'y a pas de recette miracle, et on avait toujours une relation où on préférait parler de n'importe quoi d'autre que de nous. On se rapprochait peu à peu en discutant de politique, de la guerre au Moyen-Orient, des chiites et des sunnites… surtout pas de nos émotions. On évitait encore le passé, mais on pouvait parler longtemps du présent. On riait beaucoup, aussi. Il faisait partie de ces gens qui vous donnent l'impression d'avoir décroché la lune quand vous arrivez à les faire s'esclaffer. Ses troubles mentaux s'étaient apaisés, ce qui le rendait beaucoup plus fréquentable.

J'ai beaucoup pris sur moi pour l'aimer de nouveau et déverrouiller mon cœur, mais, durant mes derniers moments à Hollywood, il a été l'un des seuls au monde à me témoigner de la bonté. Il détestait les hommes de Hollywood et la façon dont ils m'avaient traitée. Ça m'a fait du bien de savoir qu'il s'en souciait. On vient d'une famille fracturée, très abîmée. Il se trouvait maintenant de nouveau au centre de notre galaxie, pas comme un démon, mais comme un astre lumineux autour duquel on gravitait tous. Il avait quand même élevé huit enfants, à sa façon désordonnée et tordue, tantôt magique, tantôt infernale.

Et puis il est tombé malade. J'étais avec lui à l'hôpital, à LA, quand le médecin lui a annoncé en secouant la tête :

« Je suis désolé. Vous souffrez de fibrose pulmonaire. » Je n'avais aucune idée de ce dont il s'agissait, mais j'ai vite appris que ça équivalait à une sentence de mort. On lui donnait maximum trois ans à vivre. Chaque fois que vous respirez, vos poumons se déchirent et cicatrisent ; tout ce tissu cicatriciel s'accumule et finit par boucher les voies respiratoires. Chaque inspiration est un pas de plus vers l'étouffement.

C'est une maladie vraiment horrible, et une terrible façon de mourir. Elle tue plus de gens chaque année que le cancer du poumon, et pourtant c'est à peine si on en entend parler. C'est parce que, pendant longtemps, elle ne touchait que les personnes âgées. Mais la maladie affecte des patients de plus en plus jeunes. Elle est idiopathique, ce qui signifie qu'on n'a pas la moindre idée de ce qui la déclenche. Pour mon père, je pense que ça vient de l'aérographe et des années passées à inhaler des particules de peinture.

On lui a diagnostiqué une fibrose pulmonaire à cinquante-huit ans. Ç'a été un coup dur, pour lui qui était M. Bonne Santé. Il n'avait jamais eu de micro-ondes, n'avait jamais mangé de sucre raffiné, avait adopté le régime crétois avant même que ce soit un régime, mangeait tout bio. Il rangeait nos céréales dans des sacs en papier pour éviter tout contact avec le plastique.

Nous tous, ses enfants — même ceux qui avaient un jour projeté de le tuer —, étions avec lui à l'hôpital quand nous avons décidé de le laisser partir en le débranchant des appareils qui le maintenaient en vie. Une étoile belle et complexe s'est éteinte.

Après la mort de mon père, c'était comme si plus rien n'avait d'importance. Je suis restée quelque temps dans un épais brouillard à regarder de vieux classiques et à traîner avec mes chiens. Peu à peu, j'ai remonté la pente. Cette personne démoralisée allait laisser la place à une femme forte, quelqu'un qui n'a pas peur d'être elle-même, qui sait ce qu'elle vaut. J'ai compris que le processus de guérison devenait le lieu d'une transformation. La mienne.

Au cours des années suivantes, j'ai travaillé dur sur moi-même. J'ai peu à peu fusionné les différents personnages que j'avais joués en une seule personne. Une personne entière. Quand je suis revenue à un quotidien bien ordonné après cette vie volée, je ne savais pas vraiment où aller ni que faire. J'ai travaillé un peu à droite, à gauche, mais il était clair dans mon esprit que j'avais quitté le métier. Je m'efforçais de détricoter la peur et les traumatismes que j'avais subis, de guérir physiquement et de faire le deuil de mon père. Ma trentaine a été une sorte de purge qui s'est déroulée dans le brouillard. J'aurais voulu pouvoir tout reprendre de zéro. Peut-être est-ce ce que je fais aujourd'hui.

J'ai grandi comme une outsider, puis je suis devenue une fugitive, une captive, une starlette, et enfin une célébrité, mais j'allais enfin être moi. Un membre de la société. Un être humain complet. Un moi complet. J'allais pouvoir être moi-même pendant des journées entières. Ressentir ce que *je* voulais ressentir et pas ce qu'un scénariste avait écrit pour moi. Ça faisait longtemps que j'attendais.

Je ne veux plus faire partie de quoi que ce soit que mon esprit ou mon âme ne souhaite dévorer.

Mon ami Joshua Miller (celui que j'ai dévergondé à treize ans) est venu me voir à cette époque avec son coscénariste, M.A. Fortin, et il m'a dit : « L'heure est venue. » Ce qui signifiait que j'étais mûre pour mettre en scène mon propre film. Ils ont écrit un scénario brillant pour un court-métrage, *Dawn*. Je voulais en faire un mini chef-d'œuvre, en explorant ce qui arrive aux filles qu'on envoie dans le monde avec la politesse pour tout bagage. *Dawn* se passe en 1961, mais il parle au public d'aujourd'hui. Sur le plateau, je m'attendais à péter les plombs avec les acteurs, comme on l'avait fait avec moi, mais ça n'est jamais arrivé.

J'étais la capitaine du navire, et je savais sacrément bien naviguer. Après avoir travaillé en plateau pendant près de cinquante-sept mille heures, je suis capable de diriger une équipe, mais, au-delà de ça, je sais ce que je veux dire à travers ce média que j'aime. Mettre en scène est pour moi aussi naturel que de respirer. J'ai vraiment trouvé ma voie. Enfin. J'ai jugé assez approprié de présenter, pour mon retour à Sundance — où je n'avais pas mis les pieds depuis mon agression —, mon *propre* film, nommé en 2014 pour le Grand prix du jury. Un grand honneur. Depuis, *Dawn* est devenu l'étendard de ma pugnacité. Il a été projeté à Sundance Londres et Hong Kong, il a tourné dans des cinémas sur tout le territoire des États-Unis, au Lincoln Center, et il est à présent disponible sur Filmstruck, la plate-forme de Criterion Films/TCM. Dire que je suis fière de chacune des personnes impliquées dans ce projet serait un euphémisme. Après avoir dirigé ma première œuvre, ma confiance en moi en tant qu'artiste et intellectuelle indépendante a crû de façon exponentielle. Il était temps de faire entendre ma voix. Mais comment ?

L'ENVOL DU PHÉNIX

C'est Ashton Kutcher, figurez-vous, qui m'a poussée à m'intéresser aux réseaux sociaux. Je ne l'ai jamais rencontré, mais il a déclaré dans une interview que Twitter était la seule voix possible pour un acteur.

Ç'a été un déclic pour moi. J'ai commencé par me familiariser en douceur avec Twitter en disant tout ce qui me passait par la tête. C'est bien le but, non ? En tout cas, ça m'amusait. Et puis, un soir, j'ai reçu un scénario de mon agent chez Innovative, une agence de seconde zone à Los Angeles. Je ne faisais appel à elle que pour du travail de voix off, mais un de ses représentants a eu la brillante idée de m'envoyer un scénario d'Adam Sandler. Le rôle était celui d'une ancienne top model obsédée par Adam Sandler au point de le traquer. Vous m'imaginez, moi, traquer Adam Sandler ? Ha ha ha. Une lettre parfaitement dégradante accompagnant le scénario donnait des conseils utiles pour l'audition. Je l'ai prise en photo et je l'ai postée sur Instagram et sur Twitter. Je suis ensuite allée me coucher, sans plus y penser.

Notes: -Veuillez prendre le temps de lire le scénario ci-joint avant de vous présenter à l'audition afin de bien comprendre le contexte des scènes.
-Dress code : noir (ou sombre) débardeur moulant qui laisse voir le décolleté (push-up conseillé) Legging ou jean. Rien de blanc.

rose mcgowan
@rosemcgowan
Follow

Note de casting accompagnant le scénario que j'ai reçu aujourd'hui. Sans déconner. le nom de la star masculine rime avec Madame Panhandler[1] hahahaha morte de rire

11:42 PM - 17 Jun 2015

2,276 ★ 2,536

1. Clochard

Quand je me suis réveillée le lendemain matin, j'ai allumé mon téléphone et je me suis rendu compte que mon tweet avait fait le buzz. Mon cœur s'est emballé. Tout Internet s'était lâché. Mon tweet était repris par les médias en Inde, en Chine, partout. Je me suis réveillée une deuxième fois quand, en lisant les commentaires de mes followers sur Twitter, j'ai pris conscience que les gens exprimaient un effarement légitime. C'est triste à dire, mais pour moi c'était normal. C'était un tout petit exemple des indignités que l'on fait subir aux femmes à Hollywood. J'ai fait ce commentaire, cette vanne, comme j'aurais levé les yeux au ciel. Mais, à en croire les réactions, j'avais fait plus que ça. J'ai compris qu'il était de ma responsabilité de tirer les fils de la misogynie, du sexisme, et du lavage de cerveau de Hollywood et des médias, pour me libérer l'esprit.

J'ai compris qu'il était temps d'avoir une vraie conversation avec le public. On ne me réduirait plus au silence. Je savais que mon activisme allait finir par se voir un jour ou l'autre ; je militais pour les droits des gays depuis plusieurs années, pas seulement en faveur des femmes. Je n'aurais jamais cru qu'Adam Sandler en deviendrait le révélateur. Mais avec le recul, ça tombe sous le sens. Dans quel monde Adam Sandler — qui représente le mâle américain moyen — finit-il avec Kate Beckinsale, Salma Hayek ou Jessica Biel ? Les films « débiles » qui l'ont rendu célèbre sont beaucoup plus dangereux qu'il n'y paraît, car ils propagent auprès des millions de types qui les regardent l'idée que tout un chacun, comme lui, avec son T-shirt sale et son survêtement, un pénis et aucune qualité intellectuelle notable, aurait droit à une femme aussi incroyable que Salma Hayek. Et ce message n'est pas seulement assené par un scénario de merde, mais également par le casting lui-même. C'est absurde. Les médias parlent aux hommes de droit et de possession, infligeant au monde les règles puériles des pires fraternités étudiantes. Et ils sont la voix de la société. Le parallèle entre cette mentalité et la violence et le harcèlement sexuel à l'égard des femmes est indéniable.

Je me trouvais à New York quand la tempête a éclaté sur Twitter. On projetait *Dawn* au Lincoln Center, un grand honneur, et je me suis rendue directement après à l'enregistrement de *Watch What Happens Live*, le talk-show d'Andy Cohen sur Bravo.

Ensuite, j'ai quitté le plateau en songeant au temps que je venais de perdre, quand j'ai reçu un e-mail de mon agent, dans lequel il m'informait que j'étais virée.

Pendant dix secondes, je suis restée paralysée par la peur. Je me disais : *Oh ! merde, ça recommence. Je vais à nouveau être blacklistée.* Je tremblais. Et puis j'ai compris.

Les pontes de l'agence croyaient pouvoir me virer en toute discrétion. Grosse erreur. Ils ont pensé que j'allais les couvrir, car, comme je l'ai déjà dit, Hollywood fonctionne comme une mafia.

Pourquoi est-ce que j'aurais dû protéger ces pourvoyeurs de pornographie mentale en fermant ma grande bouche ? Ils m'avaient dépréciée, sous-évaluée et tellement déçue. Eux ne m'avaient jamais protégée, ni moi ni les légions d'autres filles, femmes et jeunes garçons. Ils n'avaient rien fait pour préserver la sensibilité de la société, ni quoi que ce soit pour la faire avancer, pas récemment en tout cas.

Hollywood agit sous le sceau du secret, mais je n'ai jamais dit que je garderais ce secret. Si vous ne le faites pas : *Tss, tss, tss, nous savons ce que tu es. Tu es un électron libre. Tu ne réussiras jamais. Toi, ma petite, tu seras punie.* Qu'est-ce que vous dites de ça : et si vous arrêtiez de faire des trucs tellement dégueulasses que personne n'a le droit d'en parler ? Et si vous vous montriez aussi justes et humains avec les femmes qui travaillent avec vous qu'avec les hommes ? Et si vous vous mettiez un peu à leur place pour voir ce qu'elles endurent ? La seule façon de changer les choses, c'est de faire la lumière sur les zones d'ombre. Mon but est de montrer Hollywood tel qu'il est réellement. Je pourrais raconter un million d'autres anecdotes dans ce livre, mais je n'ai pas l'énergie nécessaire pour documenter toutes les saloperies dont j'ai été victime ou témoin. En utilisant quelques-unes de celles que j'ai vécues, j'espère créer un effet boule de neige. J'espère que d'autres femmes se dresseront, prendront le pouvoir qui est le leur et diront « plus jamais ». Et j'espère que des hommes se rangeront à leurs côtés.

J'ai donc de nouveau tweeté comment j'avais été licenciée et punie pour l'avoir ouverte.

rose mcgowan
@rosemcgowan
Follow

Je viens de me faire virer par ma chochotte d'agent parce que j'ai dénoncé les conneries de Hollywood. Hahaha.
#connards #genial #MEMEPASPEUR
6:56 PM - 24 Jun 2015
2,805 ★ 4,135

rose mcgowan
@rosemcgowan
Follow

Vous savez ce qui est formidable quand on est un artiste ?
Personne ne peut vous virer de votre cerveau. #LIBERTE
9:57 PM - 24 Jun 2015
915 ★ 1,725

Ça fait une drôle de sensation d'écrire quelque chose qui fait le buzz. Un simple téléphone au creux de la main devient le vecteur d'une incroyable énergie. C'est une façon de se frayer un chemin dans le monde extérieur et dans les pensées des autres. Ç'a été un outil très utile, car il m'a permis de faire entendre ma voix, de parler haut et fort, pour moi et pour d'autres, mais l'impression d'avoir dans la main un câble sous tension reste une expérience étrange.

J'ai enfin pris conscience qu'il était essentiel d'affirmer ma force, mon pouvoir et ma valeur en tant qu'artiste. Car il y a quelque chose en nous qu'ils ne peuvent pas nous prendre, quoi qu'ils fassent. Je choisis d'essayer de changer les normes sociétales, donc je dois être une sorte de politicienne. Sauf qu'aucun vote ne peut me destituer. Si vous êtes un artiste, personne ne peut vous l'enlever.

Bientôt, *Good Morning America* est venu frapper à ma porte. Ç'a été une formidable interview. J'ai répondu avec passion à des questions toujours respectueuses. En général, seules les femmes trompées ou autre font preuve d'une telle intensité à l'écran. On voit assez peu d'interviews de femmes exaltées. Nous avons été historiquement conditionnées à être agréables en toutes circonstances. Nous devons arrêter ça et être nous-mêmes ; la colère légitime en fait partie. On peut être en colère ; personne ne va mourir si nous la manifestons de façon saine. Non seulement les femmes peuvent, mais doivent avoir des émotions qui leur sont propres et qui ne dépendent ni des hommes ni de la société.

Au moment où cette histoire autour d'Adam Sandler se tassait, il s'est produit autre chose que j'allais pouvoir utiliser pour montrer la nécessité d'un changement. En juin 2016, le nouveau chef de la rubrique cinéma de *Variety*, Owen Gleiberman, a publié un article ordurier sur Renée Zellweger, l'accusant de paraître différente de la dernière fois qu'il l'avait vue, insinuant qu'elle avait « changé quelque chose » et demandant si elle était toujours la même actrice puisqu'elle ne se « ressemblait plus ». J'ai décidé de rédiger une lettre ouverte en réponse à ce torchon minable et de le démolir afin que d'autres comprennent qu'à travers Renée Zellweger, toutes les femmes étaient concernées.

Owen Gleiberman, ceci n'est pas un débat. Il n'y a pas de débat possible, car votre point de vue est indéfendable.

Renée Zellweger est un être humain, qui ressent, qui vit, qui aime, qui triomphe, qui lutte, comme chacun d'entre nous. Comment osez-vous l'utiliser comme punching-ball pour marquer votre territoire dans vos nouvelles fonctions ? Comment osez-vous maltraiter une femme qui n'a rien fait d'autre que d'essayer de divertir des gens comme vous ? Son crime, selon vous, est d'avoir évolué d'une façon que vous n'approuvez pas. Qui êtes-vous pour approuver quoi que ce soit ? Ce que vous avez fait est vil, néfaste, stupide et cruel. Vos privilèges de mâle blanc transpirent dans vos propos nauséabonds. Vous êtes si certain de votre place dans ce firmament qu'est Hollywood que vous vous êtes autorisé à les coucher sur le papier. Et vos éditeurs chez Variety se sont sentis plus que légitimes de vous laisser faire.

Vous jouez un rôle actif dans le harcèlement et la maltraitance que subissent les femmes en général et les actrices en particulier. Je suis moi-même une victime des mauvais traitements de Hollywood et des gens comme vous dans les médias, mais je suis faite d'un autre bois, et cela, ils ne s'y attendaient pas. Je refuse et rejette ces conneries au nom de toutes celles qui croient devoir se taire. Un studio m'a forcée à aller chez Howard Stern[1]*, qui m'a demandé de lui montrer mes petites lèvres tandis que mes attachés de presse, hommes comme femmes, ont préféré sourire d'un air*

1. Présentateur d'une des matinales nationales les plus écoutées et les plus polémiques aux États-Unis.

goguenard plutôt que de prendre ma défense. J'ai enduré des menaces de mort de la part de fans, des sites consacrés à ma prétendue surcharge pondérale, du harcèlement à un niveau que vous n'imaginez même pas, Owen.

Ces tombereaux de merde m'ont tellement retourné la tête que j'ai fini par oublier à quoi je ressemblais. On m'a réduite en cendres, mais je me suis relevée pour mieux faire entendre ma voix. Voici une part de vérité : les hommes comme vous et les femmes qui se tiennent à leurs côtés sans rien dire devraient savoir qu'être complice de cela est un crime moral et, s'il était puni à Hollywood, vous seriez en train de moisir en prison.

Tous les studios à qui Renée Zellweger a un jour fait gagner de l'argent, toutes les stars avec qui elle a partagé l'affiche et quiconque touche un pourcentage sur ses gains devraient faire ce qui est juste : dénoncer ce harcèlement.

Ayant moi-même été tyrannisée durant des années par un paquet de ces êtres inférieurs et vicieux, je ne peux qu'être solidaire avec elle. Beaucoup se taisent de peur d'être montrés du doigt ; allez-y, ne vous gênez pas. À moins de me tuer, vous ne pouvez pas m'infliger pire que ce que j'ai déjà subi dans mon métier d'actrice. Peu importe que vous ayez peur. Soyez forts. Faites ce qui est juste, pour une fois. J'exècre la peur. Cette ville est bâtie sur la peur. La peur m'a été inculquée par les hommes et les femmes de cette ville, tout comme elle l'a été à Mlle Zellweger, j'en suis sûre. La peur d'être blacklistée, la peur d'être étiquetée « difficile », la peur de ceci, la peur de cela…

Eh bien, vous savez quoi, Owen ? Je n'ai peur ni de vous ni de quiconque. Hollywood est une petite, une toute petite ville myope qui pratique l'autofellation. Je vous demande de lâcher votre miroir et de regarder un peu à quoi ressemble la société. Car, que vous le sachiez ou non, vous en faites partie et, en vous réfugiant dans un silence tonitruant, vous nous faites du mal à tous. Qui protégez-vous, et pourquoi ? Qui aidez-vous, et pourquoi ?

Owen, la dernière phrase de votre article — « J'espère que le film portera sur une personne glorieusement ordinaire plutôt que sur quelqu'un qui semble ne plus vouloir être celle qu'elle est réellement » — est une putain d'abjection.

Il est temps que vous arrêtiez de martyriser des femmes.

Comme vous vous en doutez, Owen, mon intérêt pour cette histoire dépasse le cadre de la masturbation intellectuelle autour du visage d'une étrangère. Ce que je veux, c'est détruire le statu quo. Ce que je veux, en tant que membre actif de la société, c'est ARRÊTER le lavage de cerveau pratiqué par Hollywood et les médias depuis trop longtemps, en toute impunité. Le lavage de cerveau pour lequel vous avez toujours montré une complaisance certaine.

Joan Didion, John Fante, Raymond Chandler, Robert Towne, Dorothy Parker, John Gregory Dunne, Preston Sturges, I.A.L. Diamond, Pauline Kael et Billy Wilder. Voilà des gens qui savaient écrire sur Hollywood.

Vous, Owen Gleiberman, n'en faites pas partie.

Vous n'êtes qu'une petite frappe sur papier semi-glacé.

Renée Zellweger ne m'a jamais contactée, mais je ne m'attendais pas à ce qu'elle le fasse. Je n'ai pas vraiment écrit ce papier pour elle, mais pour toutes les femmes tyrannisées et mises au pilori, moi comprise. Personne dans l'industrie du cinéma ne se dresse jamais contre *Variety* ou le *Hollywood Reporter*. Tous veulent une bonne critique. Le problème avec ces quotidiens, c'est qu'ils représentent souvent la seule source d'informations des membres de la secte. Les mecs blancs parlent aux mecs blancs. Bourrage de crâne. Ce qu'ils disent des femmes se résume à un gros tas de merde. Ils ne font que renforcer les idées tordues si largement répandues à Hollywood. Je lis pour ma part la presse internationale. Deux petits journaux corporatistes n'ont guère d'intérêt à mes yeux. Pas tant qu'ils n'auront pas changé leur façon de voir les choses. *Variety* a pendant des années fait le jeu du Monstre, en publiant ses appels à casting.

Quelques mois après cette histoire avec *Variety*, une campagne d'affichage pour une nouvelle suite de X-Men a fait parler d'elle. Le film, distribué et promu par la Twentieth Century Fox, était clairement destiné aux ados et préados. Cette campagne publicitaire montrait Jennifer Lawrence, la dernière chouchoute en date de l'Amérique (et une actrice récompensée par un Oscar), étranglée par un « homme » gigantesque au visage de pierre. La phrase d'accroche était : « Seuls les plus forts survivront. » J'ai lu que cette campagne avait choqué beaucoup de femmes, mais que la Fox était restée sourde à leur colère. Je suis certaine que personne, dans l'entourage de Lawrence, ne s'est rendu compte de la gravité de la chose. Wow. Drapeau rouge. Pour la majorité des gens à Hollywood, cette campagne ne posait absolument pas problème. J'ai de nouveau décidé de prendre la plume. Je me suis sentie obligée d'intervenir au nom de celles qui ont souffert de violence. Voici ce que j'ai écrit :

> *Quand les hommes et les femmes de la 20th Century Fox pensent que banaliser la violence faite aux femmes est le meilleur moyen de promouvoir un film, nous avons un problème. On voit sur cette publicité une femme se faire étrangler, sans aucun élément de contexte. Que personne ne l'ait signalé est offensant et franchement stupide. Je conseille aux petits génies qui en sont à l'origine de se regarder longuement dans le miroir et de se demander sans complaisance de quelle façon ils contribuent à la société. Imaginez le tollé, s'il s'agissait*

d'un Noir étranglé par un Blanc, ou d'un gay étranglé par un hétéro ? Remettons un peu les choses à leur place. Puisque, à la Fox, vous semblez être incapable d'envisager d'engager une réalisatrice dans les deux prochaines années, que diriez-vous de faire au moins amende honorable en retirant cette campagne ?

Je terminerai en citant la fille d'un de mes amis, qui a demandé à son père : « Papa, pourquoi est-ce que ce monstre fait du mal à une femme ? » Elle a neuf ans. Si elle voit le problème, comment se fait-il que la Fox ne le voie pas ?

La Fox a présenté ses excuses en déclarant : « Dans notre empressement à montrer l'infamie du personnage d'Apocalypse, nous n'avons pas immédiatement mesuré les connotations choquantes de cette image. Une fois que nous en avons pris conscience, nous avons rapidement pris les devants pour retirer ces affiches de la circulation. Nous présentons nos excuses et précisons que nous n'approuvons en aucune manière les violences faites aux femmes. » À leur décharge, ils ont bel et bien retiré la campagne. Mais ils n'ont toujours pas recruté de réalisatrice. Une fois encore, on nage en plein *mansplaining*[1].

Comme un retour de bâton, j'ai dû faire face au harcèlement des geeks — genre « je vis au sous-sol, chez ma mère, avec mon ordinateur » —, qui ne semblaient pas comprendre que l'image est un vecteur majeur des violences faites aux femmes. « Elle est bleue ! Elle n'est pas réelle ! » Comme je l'ai écrit dans mon petit pamphlet : « Si une enfant de neuf ans voit le problème, comment se fait-il que vous ne le voyiez pas ? » La bêtise délibérée est parfois si fatigante

1. Néologisme formé sur la contraction de *man* (homme) et *explaining* (expliquant). Le *mansplaining* désigne l'explication condescendante d'un homme à une femme sur ce qu'elle doit faire ou ne pas faire. On trouve parfois le terme *mecsplication*.

qu'elle me donne envie de crier. Je sais que je ne suis pas seule à mener le combat, mais je suis en première ligne, et donc une cible facile. Mais je fais ça pour le bien de tous, même pour celui des pleurnichards du sous-sol.

Et puis l'année électorale est arrivée. En octobre 2016, quand des femmes ont raconté avoir été agressées sexuellement par Trump et que les habituels apologistes du viol ont essayé de les discréditer, ça a déclenché une volée de commentaires sur le hashtag #WhyWomenDontReport[1] — c'est particulièrement vrai quand l'agresseur est une personne publique. J'ai tweeté :

rose mcgowan @rosemcgowan — Follow

une avocate pénaliste m'a dit que parce que j'avais fait une scène de sexe dans un film, je ne gagnerais jamais contre le directeur du studio. #WhyWomenDontReport

2:19 AM - 14 Oct 2016 — 579 — 842

rose mcgowan @rosemcgowan — Follow

parce que c'est un secret de polichinelle à Hollywood/ dans les médias & qu'ils m'ont couverte de honte tout en adulant mon violeur. #WhyWomenDontReport

2:20 AM - 14 Oct 2016 — 630 — 1,140

rose mcgowan @rosemcgowan — Follow

parce que mon ex a vendu les droits de distribution de notre film à mon violeur. #WhyWomenDontReport

2:21 AM - 14 Oct 2016 — 503 — 939

1. Littéralement : « Pourquoi les femmes ne disent-elles rien ? »

Et enfin, j'ai écrit ceci :

> Aux femmes et aux hommes de l'industrie du divertissement qui savent très bien de qui et de quoi je parle : faites preuve de courage. Ne travaillez pas avec ceux dont vous savez qu'ils sont des délinquants, ou vous ne vaudrez pas mieux qu'eux. Dressez-vous contre eux. Vous êtes responsables de vos actes. Arrêtez de récompenser des sociopathes. Chaque fois que vous cautionnez une conduite odieuse, vous vous rendez complice d'un crime, ce qui fait de vous l'égal du criminel. Combien d'histoires devrez-vous entendre avant de vous mettre à faire ce qui est juste et de cesser de récompenser des prédateurs ? Pourquoi êtes-vous si timoré, au point de toujours choisir la solution de facilité ? Je vais vous dire une chose, votre âme est corrompue, si vous le faites. C'est la trace que vous laisserez sur terre, l'essence de votre être, qui est en jeu, alors battez-vous. Je sais que vous valez mieux que ça. Je sais que vous avez les ressources pour briser le sceau du secret. Alors faites-le.
>
> **rose mcgowan**
> @rosemcgowan
> Follow
>
> Cher Hollywood,
>
> 23:44 - 17 Oct 2016
>
> 539 1,198

J'ai découvert une façon optimale de transmettre mes messages, en utilisant Twitter comme véhicule, puis Facebook, jusqu'à un certain point. J'ai appris à me servir des réseaux sociaux comme des lanceurs de conversation. Je cherche des moyens de relier les mondes, de construire ce pont qui recadrera les idées et l'idéologie du statu quo. Je n'y arrive pas toujours, mais mes intentions sont sincères.

Je n'utilise pas le mot *fans* ; je n'ai pas ce genre d'interaction avec le public. Il n'y a pas un fan et une célébrité : nous sommes tous des êtres humains, tous dans le même bateau. Je vois mes supporters comme des gens qui réfléchissent avec moi.

Et surtout, je sais que je m'adresse à des gens comme moi : ceux qu'on prive de leurs droits, ceux qu'on blesse, ceux qui sont perdus, les courageux qui ont choisi de vivre différemment, de voir les choses autrement, de s'en sortir dans une société qui ne les accepte pas tels qu'ils sont. Ceux de ma tribu ; s'ils ne sont pas dans la vôtre, je vous suggère d'apprendre à en connaître quelques-uns. Votre vie n'en sera que plus riche.

Et si j'avais raison ? Et si on pouvait vivre une vie meilleure, plus libre, plus intense ? Levez-vous et faites ce qui est juste. Et si on s'attelait à cette conversation que tout le monde a si peur d'avoir ?

Tel est le but de #RoseArmy. C'est un hashtag utilisé sur mes réseaux sociaux par ceux qui se considèrent comme des libres penseurs. Nous sommes une armée de la pensée. Nous sommes un groupe d'individus qui partagent une vision du monde différente, une autre façon de vivre.

Nous militons pour la liberté d'âme et d'esprit. Nous militons pour la divergence d'opinions. Nous militons pour l'égalité et pour le droit de mener notre vie en dehors du carcan de la pensée dominante et de la morale traditionnelle.

Je soutiens activement toute forme de pensée indépendante et d'esprit critique.

Je crois aussi que la rêverie, si on peut appeler ça comme ça, est essentielle au développement. Rêvasser sur un canapé, songer à sa vie et la décortiquer, la disséquer plutôt que de se contenter de réagir. Réfléchir et s'accorder du temps sans télé, sans Internet, sans musique, pour écouter la voix de votre esprit, est quelque chose d'incroyablement important. Je le recommande chaudement. Soyez courageux. Soyez courageux, regardez en vous-même, analysez votre position sur tel ou tel sujet, demandez-vous pourquoi vous éprouvez tel ou tel sentiment, plongez dans ce gouffre de pensée. Prenez du recul. Approfondissez les choses. Et pour ceux qui le font déjà, approfondissez-les encore.

Plus que tout, je préconise la créativité et une approche créative de chaque aspect de la vie. Pendant la rédaction de ce livre, j'ai enregistré un album, *Planet 9*. J'ai décidé que si je ne pouvais pas me rendre sur une autre planète, je devais créer mon propre domaine interplanétaire. Ma musique est une expérience qui vous propulsera à travers le temps et l'espace. Je trouve ça énorme de pouvoir utiliser ma voix et mes mots pour provoquer une émotion. Cet album est éthéré, cérébral, projectif, et j'en suis vraiment très fière.

Le refrain de la chanson « RM486 » dit : « Nous ne sommes là que pour peindre le soleil, nous ne sommes là que pour voir le feu brûler », car c'est bien de cela qu'il s'agit. Nous sommes là pour vivre et pour enchanter le monde.

Je crois qu'il existe une pensée artistique en chaque individu. Elle est étouffée chez beaucoup d'entre nous, au lieu d'être mise en valeur et encouragée. La créativité, c'est la pensée libre. L'innovation naît de la créativité. Quand je dis que je suis partisane de la pensée, je parle de la pensée créative. Si vous réfléchissez à la façon dont fonctionne la société, et à comment elle pourrait être améliorée, alors vous réfléchissez de manière créative.

L'art nourrit la pensée, et l'art est partout. Pas seulement dans les musées, qui peuvent en intimider certains et en laisser d'autres indifférents. Depuis Berlin, où j'écris ces lignes, je vois un hôpital par la fenêtre. C'est une belle œuvre d'art fortuite. Chacune des fenêtres de cet édifice présente une teinte d'ambre et de vert distincte, si bien qu'on dirait une magnifique installation artistique. L'art est partout, vraiment. J'ai commencé à montrer régulièrement mon travail photographique sur mon compte Instagram @rosemcgowanarts, et je prévois une exposition bientôt. J'aime saisir les gens pas forcément en fonction de leur apparence, mais selon la façon dont je perçois leur architecture, la manière dont leur visage fend l'air. Je cherche à en capturer les lignes. L'art se trouve dans chaque angle de votre chambre, dans le reflet de la lumière sur l'eau. Il est partout, il suffit de savoir le voir.

Je rencontre des hommes et des femmes d'affaires qui chassent le sujet d'un geste péremptoire en affirmant : « Je ne m'intéresse pas trop à l'art. » Chaque fois, je me dis : *Woouh, on t'a vraiment retourné le cerveau, hein ? Pourquoi tu n'essaierais pas de voir les choses sous un angle plus créatif ?* Quand j'entends quelqu'un dire qu'il n'est pas créatif, je pense immédiatement : *Mon pauvre, ils t'ont eu. À quel moment est-ce qu'on t'a volé ta créativité ? Quel âge avais-tu quand ils ont fait rentrer ton esprit dans leur boîte toute faite ?* Car la pensée non créative est une pensée homogénéisée. Et elle nous tient à l'écart les uns des autres.

En vertu de quoi un homme ou une femme d'affaires ne pourrait pas être créatif ? Comment voulez-vous réussir au travail ou dans la vie ? Comment voulez-vous vous passionner pour quoi que ce soit si vous n'en appréhendez pas les aspects créatifs ? Je suis certaine que vous vous êtes déjà retrouvé dans une situation dont vous n'avez pu vous sortir qu'en faisant appel à votre créativité. Bam ! Devinez quoi ? Vous êtes créatif. Vous êtes un artiste dans votre propre vie.

Je trouve bizarre et tragique que la société nous incite à nous définir par notre travail. La question : « Tu fais quoi, dans la vie ? » signifie en réalité : « Pour quoi te donne-t-on de l'argent ? », comme si c'était une caractéristique déterminante. Toute autre chose n'est qu'un « hobby ». Pourtant, ces occupations sont aussi ce que vous êtes et ce que vous faites. Ne pas en tirer de rémunération ne veut pas dire que ça ne compte pas. Ça a autant de valeur que le fait d'aller au bureau, sinon plus.

En se débarrassant des étiquettes que les gens nous collent, et que nous nous collons nous-mêmes, nous pouvons prétendre à une vie plus riche, tellement plus aventureuse, tellement plus fun.

Comment retire-t-on ces étiquettes ? J'ai commencé à le faire en couchant mes opinions sur le papier et en remontant à leur origine. Au terme d'une profonde réflexion, j'ai fait l'inventaire des croyances qui me plaquaient au sol, en sachant que, si j'en trouvais la source, je pourrais m'en libérer. Parce que vous savez quoi ? En m'accrochant à un vieux système de pensée, je ne rendais pas service à mon esprit. Alors qu'en posant ces anciennes croyances, je devenais au moins libre de me penser différemment et de m'ouvrir de nouvelles perspectives d'avenir. Un avenir fondé sur mes véritables forces. Un avenir fondé sur la manière dont *je* me perçois réellement, pas sur la façon dont les autres me voient.

LE CULTE DE LA PENSÉE

Parlons un peu du divertissement comme outil de propagande masculine, voulez-vous ? Questions : vous imaginez, si l'histoire des hommes était dépeinte, montrée et vue à travers les yeux d'une femme ? Pouvez-vous citer un seul film où l'on n'aurait engagé que des femmes pour raconter des « histoires de bonshommes » ? La réponse à ces deux questions est non. On en parle rarement, parce que, une fois encore, nous sommes toutes trop habituées à être laissées pour compte. Partout dans le monde, les femmes font l'objet d'une interprétation qui nous est ensuite renvoyée de la plus dangereuse des façons. L'image que nous percevons de nous-mêmes correspond presque point par point à l'idée que les hommes se font de nous ; c'est de l'appropriation de genre poussée à l'extrême. Fait : la Director's Guild of America, le syndicat représentant les intérêts des réalisateurs en activité à Hollywood, est composée d'hommes à 96 %, et ce, depuis 1946. Cela signifie que durant votre vie entière, on vous a fait suivre un solide régime de « pensée » masculine et de préjugés sur ce que les femmes sont et peuvent être. Pourquoi 96 % de notre information, de nos divertissements et de notre philosophie nous viennent-ils des hommes ? À cause de la misogynie systémique. À cause de l'absence totale de supervision gouvernementale. Le cinéma et la télévision sont le terrain de jeu des hommes, et l'image que vous avez de vous-même passe par le miroir déformé de leur vision étroite. Si ce n'est pas du lavage de cerveau à la sauce XY, je ne sais pas ce que c'est. En 2013, seuls 23 % des rôles parlés à l'écran ont été confiés à des femmes, principalement dans des films d'horreur, et nous savons tous comment les femmes y sont traitées. Si vous croyez que ce n'est pas grave, vous vous trompez ; c'est très grave. C'est ainsi que nous forgeons notre opinion sur nous-mêmes et sur les autres, et cela nous empoisonne de mille et une façons dont nous n'avons pas toujours conscience. À ce jour, il n'existe aucune réponse à cette injustice ; la seule chose que je puisse vous dire est de faire attention à ce que vous consommez. Commencez par traquer les stéréotypes et les clichés. Rejetez-les. Plaignez-vous. Tweetez les réalisateurs, les studios, les sociétés qui les soutiennent. Mais, plus que tout, demandez plus. C'est votre esprit qui est en jeu.

Une chose pas si étrange que ça s'est produite pendant que j'écrivais la fin de ce livre. Le producteur et scénariste d'une très célèbre série diffusée sur une chaîne payante, qui use et abuse de la femme-objet et potiche, m'a envoyé des textos parfaitement déplacés. Je ne l'ai pas du tout encouragé dans cette voie. Cet homme vend à des millions de téléspectateurs la façon qu'il a de voir les femmes comme sa propriété. Durant l'échange, il s'est montré manipulateur, insistant et a fini par dire des choses sexuellement inappropriées. Je me suis bornée à lever les yeux au ciel, mais, en réfléchissant à deux fois aux messages de ce sale type, je me suis fait la remarque que s'il se sentait libre de me dire ces trucs à moi (!), qui dénonce publiquement les comportements masculins stéréotypés, eh bien, que dit-il et que fait-il aux autres femmes ? Pire, il continue de répandre son mépris des femmes dans le monde entier, en les contraignant à se conformer à la vision qu'il a d'elles. Tant d'entre vous ont avalé ses conneries en croyant qu'il ne s'agissait que d'un divertissement idiot et inoffensif. Mais ce n'est pas le cas. Tout ce que vous consommez compte. Ça vous forme, ça importe. Vous devez savoir ce que vous regardez, afin de pouvoir le rejeter. Si Hollywood ne peut pas changer, il mérite d'échouer.

Je suis tellement contente de faire reculer la machine dont les vues étroites influencent notre esprit depuis si longtemps. Quand vous combattez Hollywood, vous rejetez les stéréotypes que cette industrie propage. Et la vérité, c'est que le cinéma est en train de mourir. Savez-vous pourquoi les hommes de Hollywood sont à court d'idées ? Parce qu'ils se sont baisés eux-mêmes. Ils se sont marginalisés en s'accrochant à leur misogynie et à leurs idées dépassées. Et leur inébranlable dévouement à maintenir le pouvoir mâle et blanc en place leur coûte des milliards. Ces types sont tellement enracinés dans leurs principes qu'ils ne sont même pas bons en affaires, et pourtant ils ont la mainmise sur notre esprit.

Cette campagne de diffamation à l'encontre des femmes vieille de plus d'un siècle n'a que trop duré. Il est temps que ça change. Dites-moi la vérité, est-ce que les femmes que vous voyez à l'écran vous évoquent votre mère, votre sœur, votre tante, ou cette gamine qui habite un peu plus loin ? Je ne parle pas seulement de l'apparence, mais aussi des actes et des pensées. Les femmes ont des centres d'intérêt, des espoirs, des rêves, des aspirations. Elles ne sont pas juste baisables.

Le fait que la majorité des hommes de Hollywood portent sur les femmes un regard si daté nous a confinées d'un point de vue sociétal. Je le sais, j'y ai moi-même contribué. J'ai donné de très nombreuses interviews à des médias dirigés par des hommes dont le seul but, avec leurs questions insultantes et condescendantes, était de me montrer du doigt parce que je ne rentrais pas dans leur moule étroit. L'équivalent journalistique de dire qu'une fille mérite d'être violée si elle porte une minijupe. Ne faites pas de votre complexe mère/pute mon ou notre problème. Grandissez. Réfléchissez.

Au cours de ma carrière d'actrice, je me suis efforcée d'interpréter des rôles forts susceptibles d'avoir un impact. Jamais aucun journaliste ne m'a interrogée sur mon art, sur mes méthodes — on ne pose pas souvent ce genre de questions à une actrice, et encore moins à celles qui doivent porter des minijupes. Trop de journalistes, hommes et femmes, abordent les sujets féminins avec un programme bien établi : marginaliser, sexualiser, ridiculiser. Durant toute ma carrière, on m'a dit que j'étais trop intelligente « pour une actrice ». Non, je suis intelligente, point. Ceux qui m'ont dit ça l'ont fait pour me freiner et me maintenir dans le rang. Il faut savoir reconnaître le harcèlement moral et le combattre.

Hollywood prétend vendre des billets de cinéma à un public de jeunes hommes. Ça lui permet de justifier la violence faite à toutes ces femmes que l'on réduit à l'état d'objet. Flash info : ces jeunes hommes téléchargent vos films illégalement. Ils n'achètent pas de billets. Ce sont les femmes et les jeunes filles que Hollywood devrait courtiser. Ce sont elles qui assurent les ventes de billets ; les statistiques l'ont toujours prouvé. Les femmes ont été exclues des métiers de réalisateur, de scénariste, de directeur de la photo, de technicien, d'ingénieur, de scientifique, de philosophe, de banquier et d'artiste ; nous devons prendre ce que nous voulons pour nous-mêmes. La société continuera à être biaisée tant que nous ne raconterons pas d'autres histoires et que nous n'approfondirons pas notre réflexion sur notre responsabilité vis-à-vis du public. Les gens viennent en masse quand ils se voient eux-mêmes à l'écran. Et vous savez quoi ? On ne se voit pas, et on en a marre.

Il y a quelque chose de particulièrement choquant dans les liens étroits qu'entretiennent Hollywood et les médias, qui marchent main dans la main pour abrutir la populace. Si vous ne lisez pas — 42 % des diplômés du secondaire ne le font pas, une fois leurs études terminées —, les divertissements et les médias en ligne sont votre seule nourriture cérébrale. Vous renvoient-ils une image fidèle de vous-mêmes ? Vous reconnaissez-vous à l'écran ? Probablement pas, alors pourquoi ces hommes vous présentent-ils ce miroir ? Quand les gens comprendront d'où viennent 99 % de leurs médias, j'espère qu'ils se déconnecteront, ou qu'ils seront au moins conscients de ce qu'ils regardent, qu'ils choisiront leurs programmes avec sagesse et qu'ils commenceront à harceler ces studios jusqu'à ce qu'ils changent de disque. Twentieth Century Fox n'a prévu de confier aucun film à une réalisatrice au cours des trois prochaines années. Autrement dit, notre monde multicolore n'en a pas fini avec les contenus pensés exclusivement par des hommes blancs. Forcément, ça craint.

Un peu plus tôt, je vous parlais de cette star du cinéma classique, Frances Farmer, qui s'était vu infliger un traitement par électrochocs. C'était un exemple extrême. Mais devinez quoi ? Il y a plus tragique encore : cela arrive aujourd'hui encore à des femmes, et cela continuera tant que Hollywood dépouillera les filles de leur dignité. Et ce qu'ils font ici, ils vous le font à vous également. Je me trouvais récemment à Miami, où j'ai rencontré une très belle actrice aux yeux hantés et au brushing impeccable, dans le plus pur style LA qu'ils collent à toutes les jeunes femmes. Elle m'a raconté que lorsqu'elle avait dix-sept ans, quelques années plus tôt, elle faisait une apparition dans une série aux côtés d'un acteur connu pour son addiction au sexe. Les producteurs ont appelé sa mère pour lui demander l'autorisation de montrer les fesses de sa fille sur un plan, ce que la mère a accepté. Mais quand la fille est arrivée sur le plateau, on lui a dit qu'elle allait devoir se promener nue parmi une foule. Sa mère n'était pas là pour les contredire. La jeune actrice, prise de court, a fait la scène. Elle a marché dans le plus simple appareil au milieu des figurants qui la reluquaient, puis l'acteur principal s'est mis à genoux et lui a fait un cunnilingus, devant la caméra. Une fille de dix-sept ans. Ça a été filmé. Diffusé. Et consommé par le public. Par vous, peut-être.

Tout le monde en plateau connaissait la pathologie de ce type. Les producteurs, les cadres, les agents de distribution. Tout le monde sait, mais personne ne fait rien. Ce sont des faibles. Je les méprise. Je les méprise parce qu'ils haussent les épaules et se disent : *C'est juste une fille.*

Je méprise Bill Cosby, l'un des prédateurs sexuels les plus prolifiques que l'Amérique ait connus. Vu le nombre de femmes qui se sont manifestées, imaginez toutes celles qui se sont probablement tues, soit parce qu'elles étaient mortes, soit parce qu'elles ne pouvaient se résoudre à affronter tout ce cirque médiatique, où des hommes — et parfois des femmes — parfaitement ignorants parlent de vous, écrivent sur vous, sans avoir la moindre idée de ce que c'est que d'être une victime. Derrière les appétits grotesques de ce genre de star, il y a toute une machine : des hommes qui repèrent les filles, des hommes qui les piègent, des hommes qui les font taire après coup. C'est une véritable chaîne logistique. Une vraie petite industrie artisanale. On ne parle pas d'un pauvre type qui se rend dans un bar et qui drogue sa victime. On parle d'agents, de managers, d'avocats, d'assistants, de cadres, de syndicats… Tous complices.

Parfois, on ne sait même pas qu'on s'est fait violer. On met ça sur le compte d'une « expérience sexuelle », faute de mieux. Quand j'étais ado, à Seattle, il y avait une boutique dans laquelle j'aimais faire du shopping, dans le quartier de Capitol Hill — ou, plus précisément, où j'aimais essayer des vêtements, car je n'avais pas les moyens de me les payer. Elle se trouvait sur Broadway, une rue rendue célèbre par le rappeur Sir Mix-a-Lot dans son tube « Posse on Broadway ». Toutes les fringues, noires, étaient trop cool. Comme j'étais déjà venue plusieurs fois, le gérant m'a proposé une réduction de 20 %. À cette époque, tout ce que j'avais, c'était un dollar pour déjeuner, donc ce rabais n'allait pas changer ma vie. Mais le type avait l'air sympa ; il ne me traitait pas comme une enfant, même si clairement j'en étais une. J'y suis retournée le lendemain pour essayer d'autres habits, rêvant qu'ils soient à moi. Le gérant est entré dans la cabine d'essayage alors que je m'y trouvais. Il n'a pas dit un mot. Je me suis drapée dans ma chemise et je me suis reculée contre le mur. Je ne comprenais pas ce qui se passait, je n'avais pas demandé qu'il m'apporte d'autres vêtements. Il a baissé son pantalon et s'est avancé vers moi. Je n'avais jamais vu de pénis en érection. Son membre énorme et veiné me terrifiait. Je n'avais aucun point de repère qui m'aurait permis d'appréhender la situation. Il m'a retiré ma chemise, a fourré son pénis marbré entre mes seins et les a utilisés pour éjaculer sur ma poitrine. Je me souviens de m'être détachée de mon corps et de m'être élevée jusqu'au plafond d'où je pouvais contempler la scène en contrebas. En priant pour que ça s'arrête et qu'il me laisse partir. J'étais sous le choc, je ne savais pas quoi faire, jusqu'à ce que la femme du gérant entre dans la cabine au moment au son mari remontait sa braguette. Elle a poussé un cri perçant et a jeté son sac sur moi. Il est parti en courant, me laissant seule avec sa femme. J'étais pétrifiée, assise sur le banc, la poitrine dénudée et couverte de son foutre puant. J'ai essayé de parler, mais aucun son ne sortait de ma bouche. Elle m'a traitée de pute, m'a hurlé dessus, je ne devais plus jamais approcher son mari. J'ai tenté de lui expliquer. Elle a dit qu'elle allait me rendre la vie infernale à Seattle. Je l'ai regardée et je lui ai simplement répondu : « C'est déjà un enfer. » Je me suis essuyée avec la robe que je comptais essayer et je suis partie. Apathique. Choquée. Sale. Quand je suis rentrée à la maison, je me suis lavée, encore et encore, certaine que mon père verrait ce qui s'était passé et qu'il me punirait.

Jusqu'à récemment, j'ai considéré cet épisode comme ma première rencontre avec le sexe. Il m'a fallu tout ce temps pour comprendre que ce n'était pas du sexe, mais une agression sexuelle sur mineure. À tous ceux qui ont subi ça, j'adresse ma profonde compassion. Vous ne l'avez pas mérité. Vous ne l'avez pas demandé. Vous n'avez commis aucune faute.

J'ai repoussé la honte pendant des années. Chaque fois que j'y pensais, j'entendais mon père dire que je ne devrais pas mettre de vernis, car je ne pouvais empêcher Dieu de voir la crasse qui se logeait sous mes ongles. C'est ainsi que je me sentais. Crasseuse. À présent, en écrivant ces lignes, je contemple cette crasse. Je la déloge.

Pendant longtemps, j'ai cru qu'il fallait être pénétrée par un pénis pour que ce soit un viol. Je me trompais. Tout acte à caractère sexuel non consenti est une agression sexuelle. Doigts, bouches, pénis, s'ils sont en vous ou sur vous sans votre permission, c'est une agression sexuelle. Une fois, je me trouvais dans une boîte gay. Je me tenais debout sur une chaise pour voir une performance. Un homme, gay, a glissé son doigt dans mon intimité et a dit : « Oh ! j'ai toujours voulu savoir ce que ça faisait. » Ce n'est que très récemment que je me suis avisée qu'il s'agissait d'un viol digital. Ce genre d'hommes se sent libre de vous agresser et de vous violer parce qu'il part du principe que c'est vous qui causez cette envie chez lui.

Ce dont cette pauvre fille a fait l'expérience sur le plateau était également un viol, pour autant que je puisse en juger. Sa douleur m'a brisé le cœur.

Si vous êtes née femme, on vous inculque que la plus

grande des récompenses est d'être reconnue pour votre beauté, pour le désir que vous suscitez. Vous êtes censée mettre ces qualités en avant lors de chaque apparition publique, mais les étouffer dès que vous n'êtes plus sous le feu des projecteurs, dans votre vie privée, parce que vous ne voulez pas mettre tout le monde mal à l'aise, et vous ne voulez pas attirer une attention déplacée. On avait lavé le cerveau de cette pauvre fille au point de lui faire croire que sa valeur se résumait à sa plastique, tout ça parce qu'on lui avait bourré le crâne de compliments sur sa beauté depuis son plus jeune âge. Ça devient quelque chose que vous croyez devoir aux autres.

À toutes les jolies filles et tous les jolis garçons : vous ne devez rien à personne en vertu de votre apparence. La société donne aux hommes un laissez-passer : « Ils ne peuvent pas s'en empêcher », « C'est votre beauté qui les y a poussés ». J'ai entendu ça si souvent : « Ils n'arrivent tout simplement pas à garder les mains dans leurs poches… Oh ! c'est trop pour ce pauvre homme. » Eh bien, allez vous faire foutre, il s'agit d'une agression sexuelle. Personne n'appelle un chat un chat, dans cette société, mais il est temps de s'y mettre.

Nous ne sommes pas à votre disposition, nous ne sommes pas « juste des filles ». Les femmes de Ciudad Juárez, les indigènes disparues au Canada, les « épouses enfants » kidnappées par Boko Haram au Nigeria : « juste des filles ». Arrêtez de penser à nous comme telles. Nous sommes des êtres humains à part entière. Prenez nos vies en considération.

NOUS SOMMES DEBOUT

À ce stade, vous vous demandez peut-être : *Mais de quoi cette fille se plaint-elle ? Elle ne voit pas la chance qu'elle a ?*

J'ai entendu ça durant toute ma carrière : « Tu as tellement de chance. »

Ces cinq mots ont édifié des murs invisibles autour de moi qui m'ont confinée dans l'isolement, la terreur, l'aigreur et la solitude pendant l'essentiel de ces vingt dernières années.

J'ai de la chance de ne pas avoir attrapé la lèpre ou de ne pas être une enfant aveugle et sans abri à Calcutta. Mais la célébrité n'est pas une chance, selon moi. Certes, il existe des gens qui brûlent d'envie d'être idolâtrés, reconnus et célébrés pour le simple fait d'exister. Mais je n'en ai jamais fait partie. Pour moi, la célébrité a été une force corrosive, une chose à laquelle j'ai dû survivre. Je n'ai consigné dans ce livre qu'une fraction de ce qui m'est arrivé. Tout le monde a droit à la dignité. Sans exception.

Bien que certaines expériences m'inspirent de la reconnaissance — la camaraderie en plateau, les voyages, l'aventure —, je ne crois pas devoir à Hollywood une quelconque lettre de remerciements. Un coup de pied dans la gueule, oui. Merci de ne pas m'avoir protégée, merci de m'avoir vendue, merci de m'avoir blessée. Mais je vous en prie, appelez ça de la chance.

Aux scénaristes qui façonnent la vision que nous avons

des autres et de nous-mêmes : vous êtes responsables. Ce que vous écrivez forme la pensée de milliards d'êtres humains, et le regard qu'ils portent sur eux-mêmes. Faites attention avec les mots et les images. Grandissez. Montrez-vous plus intelligents. Réfléchissez.

J'ai demandé plusieurs fois au directeur d'un syndicat de scénaristes — un homme très, très intelligent, et très libéral — si je pouvais m'adresser aux membres de sa corporation. Je voulais parler directement à ses scénaristes, hommes ET femmes, de leur constante déformation de la nature humaine, et plus particulièrement des femmes. Et chaque fois que j'ai posé la question, cet homme m'a répondu : « Il me faut l'aval des femmes de mon organisation. » L'idée était d'écrire de meilleurs personnages, pas seulement pour les femmes, mais pour tout le monde. Voilà un exemple typique du sexisme involontaire qui fait que nous en sommes là. Il me faut l'aval des femmes de mon organisation. Allez vous faire foutre. Comment espère-t-on réparer la machine si personne ne peut changer un boulon ?

Et puis il y a le problème de la représentation. Les managers et les agents. D'après mon expérience personnelle, beaucoup trop d'entre eux n'ont pas la bande passante nécessaire pour comprendre ce que sont les artistes. Si c'était le cas, ils les protégeraient et les encourageraient, et ils auraient de la valeur à nos yeux. Trop d'agents semblent croire que ce sont eux, les stars, qu'ils détiennent le pouvoir. C'est une illusion. Quiconque fait des profits sur le corps de son prochain n'est rien d'autre qu'un mac. Des hommes ont négocié pour moi quelle proportion de mes seins et de mon cul pourrait être montrée à l'écran. Dans la rue, ça s'appelle un souteneur. À Hollywood, leur commission leur rapporte des millions. C'est une forme de trafic d'êtres humains.

Aux responsables de la Screen Actors Guilde (le syndicat

des acteurs) : vous êtes complices. Pourquoi ? Vous devriez penser : « Nous sommes un syndicat. Nous allons protéger nos membres sur les plateaux, notamment les plus vulnérables, les femmes et les enfants. Nous allons rendre obligatoire l'égalité de salaire pour un travail équivalent. » Vous manquez l'opportunité d'établir de nouveaux standards, plus justes. Je vous ai versé d'incroyables sommes d'argent pour que vous me protégiez. Mais vous ne l'avez pas fait. Une actrice est une employée comme les autres, comme n'importe qui dans n'importe quel secteur d'activité. Il devrait exister une ligne d'urgence où l'on pourrait dénoncer de façon anonyme les maltraitances en plateau et les abus de pouvoir. En mettant en place un tel système, notre syndicat changerait les choses pour le mieux. Le fait que vous fermiez les yeux sur ces crimes est inexcusable.

Aux metteurs en scène : j'ai déjà pas mal parlé de vous dans ces pages, de vos caprices infantiles, du sentiment d'impunité que vous procure votre camaraderie masculine. Apprenez une fois pour toutes qu'une fille, une femme n'est pas qu'une chose en jupe destinée à attirer les mecs dans les salles de cinéma. Vous n'en avez pas assez d'être des clichés ? Nous, en tout cas, en avons assez de vous. Et ARRÊTEZ d'utiliser le viol comme ressort narratif ; c'est traumatisant et cela fait beaucoup de dégâts.

La plupart d'entre vous mettent en scène des productions médiocres, quand ce n'est pas carrément de la merde. Très peu de vos films deviendront des classiques, parce que vous n'êtes pas assez bons. Parce que vous n'avez pas les qualités humaines requises. Un grand metteur en scène doit être multitâche et savoir faire preuve de compassion, deux traits de caractère typiquement féminins.

Une fois, je me trouvais à l'arrière d'une voiture, avec Quentin Tarantino et Robert Rodriguez qui, eux, étaient à l'avant. Je voulais faire un petit test pour voir jusqu'où pouvait aller l'ego d'un réalisateur. Si je poussais la flatterie à son paroxysme, est-ce qu'ils allaient marcher ? J'en doutais, car je ne suis pas franchement connue pour mon obséquiosité. Je n'y suis pas allée de main morte, soulignant : « Ce n'est pas rien, pour une femme comme moi, d'être "autorisée" à partager la même voiture que vous deux, qui êtes considérés comme des dieux vivants. Tout le monde vous vénère, et moi, j'ai la chance de côtoyer les types les plus forts du monde, qui font le métier le plus difficile, et bla-bla-bla. » C'était tellement énorme que je me disais : *Allez, quoi, les gars. Quand est-ce que vous allez vous marrer et me dire de la fermer ?* Eh bien, non. Ils ont bombé le torse et fait la roue. J'ai manqué m'étouffer. Je les ai haïs.

Ils ont pris ma tirade au sérieux parce qu'ils sont entourés de gens (y compris des productrices) qui les dorlotent et leur lèchent le cul.

Aux femmes de l'industrie : mesdames, vous devez faire un pas en avant et comprendre que les hommes ne vous tendront jamais la main ; ils ne vous offriront pas de place à leur table, alors fabriquez-vous la vôtre. Mettez-vous dans le crâne que vous pouvez le faire. Dans tous les autres domaines de votre vie, c'est vous la patronne, non ? Alors prenez le pouvoir. Vous en avez les capacités.

Les productrices engagées pour choyer ces pauvres petits réalisateurs qui font un métier tellement, tellement dur ne sont là que pour leur passer tous leurs caprices. Il y a peu de réalisatrices en activité, mais beaucoup de productrices, pour la simple et bonne raison que des légions entières de metteurs en scène infantiles veulent qu'on les materne. Quel cliché.

Aux femmes qui pourraient engager d'autres femmes au scénario et à la réalisation : pourquoi continuez-vous d'investir sur des hommes ? Pourquoi persistez-vous à jouer selon leurs règles ? Pourquoi soutenez-vous un système qui ne profite ni à vous ni à vos consœurs ? Aux productrices :

pourquoi n'engagez-vous pas massivement des femmes ? Aux agentes : pourquoi ne représentez-vous pas autant de femmes que vous le pouvez ? Faites-le délibérément, chaque fois que c'est possible. Soyez courageuses. Si l'une de vos protégées ne réussit pas, essayez avec une autre. Ce n'est pas comme s'il n'y avait pas plein d'hommes qui se plantaient.

Aux actrices : vous n'êtes pas des marchandises, vous êtes des artistes. Allez voir la productrice, s'il y en a une, et demandez-lui de s'interposer entre vous et le réalisateur. Si les producteurs sont tous des hommes, allez trouver quelqu'un qui prendra votre défense, un allié. Dénoncez les tortures, les maltraitances en plateau et lors des auditions. Portez plainte contre votre syndicat s'il ne vous protège pas, vous ou d'autres. Quittez les auditions où attend une file de filles en bikini notées de un à dix par des connards de réalisateurs. Dites non aux rôles dégradants, stéréotypés et qui vous transforment en objets ; dites pourquoi et DITES-LE PUBLIQUEMENT. Refusez d'être un cheval de parade sur un tapis rouge. Dites non aux scènes de viol. Exigez le respect et un salaire égal.

Aux hommes en général : il est grand temps que vous vous regardiez longuement dans un miroir.

Votre espèce est le danger numéro un pour les femmes et les enfants. Pour les animaux et la planète. Nous risquons l'extinction par votre faute. Vous êtes la cause des guerres, des tueries de masse, des viols, des maltraitances, des tortures et d'un paquet d'autres maux. En d'autres termes, le problème, c'est votre espèce, peut-être même vous. Sachez que les choses doivent changer. Il est de votre responsabilité de le faire. Personne d'autre n'est à blâmer, c'est à **vous** de rompre le cycle. De la même façon que le racisme n'est pas le problème des gens de couleur, ce n'est pas le boulot des femmes de résoudre celui de la misogynie, c'est le vôtre.

Considérez les privilèges dont vous jouissez. Même mes amis masculins les plus « éveillés », il leur arrive de réagir comme si tout leur était dû, sans même qu'ils en aient conscience. Dès votre premier cri, la société vous marque du sceau de la supériorité. Vous pouvez vous retrouver dans une merde noire, complètement fauché, vous serez toujours en meilleure posture qu'une fille dans la même situation. Vous êtes-vous déjà demandé pourquoi ? Hein, pourquoi ? Moi, ça m'échappe. Je ne vois aucune preuve de supériorité. Le fait de posséder un pénis ne vous hisse pas au-dessus de nous ; en fait, c'est ce qui vous rend vulnérable, et cette vulnérabilité vous terrifie. La peur de ne pas être à la hauteur conduit trop d'entre vous à s'en prendre aux autres pour montrer qu'ils sont des durs. Ça ne fonctionne pas. Changez.

Ne me faites pas dire ce que je n'ai pas dit. La case dans laquelle on met les hommes m'inspire tout autant de dégoût. On leur inculque dès leur plus jeune âge comment ils sont censés se comporter. Au secours. J'en ai été témoin toute ma vie, avec mon père. Il a été biberonné aux films de John Wayne par son propre père, un macho qui avait fait la Corée. Il lui a appris qu'un homme qui se respecte, ça ne pleure pas, ça ne se plaint pas. Un vrai bonhomme ceci, un vrai bonhomme cela, etc. « Regarde John Wayne, tu ne le verras jamais faible. Jamais. » Combien d'hommes grandissent avec une fausse idée de ce qu'est la force ? On peut créditer Hollywood d'avoir, pendant des années, montré aux hommes des versions idéalisés d'eux-mêmes. Il est temps d'en finir avec ces conneries.

Vous n'en avez pas marre d'être le loup solitaire, le quarterback, le nerd, le coureur de jupons ? Vous n'avez pas envie de devenir un être humain plus profond, plus nuancé ? Vous vivez dans une illusion orchestrée par une machine de propagande à grande échelle. Ne voulez-vous pas en sortir et voir la Matrice telle qu'elle est ? Et, pour ceux qui sont déjà dehors, allez encore plus loin.

Ah, le patriarcat. Le patriarcat, c'est la société des hommes se prélassant dans le confort d'un fauteuil inclinable. Mais vous ne voyez pas que c'est un piège ? Ce n'est pas un jeu à somme nulle. L'égalité et le respect auxquels je prétends ne vous priveront ni de l'un ni de l'autre : ce n'est pas un putain de gâteau. Il y aurait assez de créativité, d'amour, de ressources pour nous tous si vous arrêtiez de les thésauriser. Vous êtes en sécurité, OK ? Personne n'essaie de vous coincer, c'est même l'inverse. Regardez les statistiques. Et si vous pouviez cesser d'être régis par la peur et l'insécurité ? Et si vous aussi pouviez être libres ?

Aux femmes : pourquoi demandez-vous encore pardon ? Pourquoi vous excusez-vous continuellement d'exister ? Occupez l'espace. Prenez-le. Vous n'en avez pas marre de ne pas connaître votre valeur ? Vous n'en avez pas marre que celle-ci soit réduite à votre baisabilité ou à votre apparence ? Vous n'en avez pas marre d'être en compétition avec les autres femmes ? Vous n'en avez pas marre de ces schémas sociaux qui profitent aux hommes et nous montent les unes contre les autres ? Pourquoi ne pas tendre la main à la fille ou à la femme à côté de vous ? Au lieu d'engager un mec, engagez une fille. Faites-le délibérément. Et si ça ne marche pas la première fois, recommencez. Organisons notre propre discrimination positive. Ce n'est pas sexiste, c'est juste et équitable. Et ça n'a que trop, beaucoup trop tardé. N'acceptez pas leurs prétendues règles. Stop.

Si je connais ma propre valeur, c'est parce que je vois la vôtre. Je vois ce que vous valez réellement, et combien vous y êtes aveugles. Si je peux le faire, tout le monde en est capable.

Si un homme vous dit que vous êtes haineuse, amère, laide, tue-l'amour, misandre, ou vous balance une autre insulte de son arsenal, est-ce que cela vous tuera ? Non, vous survivrez. On m'a traitée de tous les noms qui figurent dans ce livre, et je n'en suis pas morte.

On dit que je suis amère quand je me bats pour l'égalité. Je ne sais pas ce que l'égalité devant la loi et l'égalité de traitement ont à voir avec l'amertume. C'est juste une étiquette pour nous faire taire, moi et celles qui agissent ainsi. Mais qu'est-ce qu'on s'en fout, si des abrutis nous font passer pour des femmes amères ? Si ce n'est pas ça, ça sera autre chose, alors autant avoir une cause à défendre.

Aux hommes et aux femmes : vous pouvez tous être féministes. Ça signifie simplement que vous êtes pour l'égalité des droits et des salaires. Si vous pensez que les femmes doivent être traitées à l'égal des hommes, félicitations, vous êtes à présent féministe. C'est aussi simple que ça. Quand vous êtes proégalité, vous retrouvez votre humanité. Et quand vous retrouvez votre humanité, vous commencez à comprendre que vous contrôlez le discours. Que vous êtes en position de pouvoir. Le féminisme est devenu un gros mot au fil des années, mais ce n'en est pas un. Les hommes au pouvoir et dans les médias en ont fait un gros mot pour servir *leurs* intérêts, pas les nôtres. Regardez à qui cela profite, quand vous ne reconnaissez pas être féministe. Certainement pas à vous. Alors soyez-le. Il n'y a aucuns frais d'admission, il faut juste avoir l'esprit ouvert et un désir d'égalité. Ne vous gênez pas.

Et aux Survivantes : gardez toujours à l'esprit que c'est VOUS qui êtes incroyablement fortes. Voyez ce que vous avez accompli et jusqu'où vous êtes allées. Ne vous arrêtez jamais, bordel ! Vous êtes des *badass*. Regardez ce que vous avez fait de votre vie en dépit de chaque putain de message que vous recevez chaque putain de jour et qui vous dit que vous n'êtes pas assez bonnes. Parce que vous savez quoi ? Vous l'êtes. Je vous aime et je vous rends hommage.

Quand j'étais dans la secte Hollywood, je me rabaissais en disant que mes talents étaient inutiles. Talent inutile numéro 72, talent inutile numéro 75, etc. J'étais une scénariste très capable, mais, comme ce n'était pas officiellement mon job, ça restait à mes yeux un talent inutile. Je suis très forte en photo, mais je n'avais jamais trop persisté dans cette voie, car j'avais déjà une carrière. La photo, c'était pour les gens qui en ont fait leur métier, pas pour moi ; j'étais déjà actrice. Et puis il y avait le talent inutile numéro 47 : la musique. J'adore chanter, et je suis une excellente parolière. Mais personne ne m'a jamais dit que je pouvais faire ce que je voulais. Je n'ai jamais reçu ce message, alors j'ai été le chercher en moi-même, et à présent je vous le transmets. Soyez vous. Soyez-en fières et criez-le haut et fort.

Faites tout ce que vous voulez autant que vous le pouvez. C'est votre vie, faites-en ce que vous souhaitez. Vivez une vie d'aventures, petites et grandes. Faites des trucs dingues. Il n'y a aucune raison de vivre au rythme des autres. Si votre trip, c'est de vous coucher tard et de dormir le jour, trouvez un moyen de vous organiser et faites-le. C'est votre temps et, jusqu'à preuve du contraire, le seul que vous avez, alors pourquoi le passer au bénéfice des autres si ça ne vous rend pas heureuses ?

Si vous étiez vraiment vous-même, que voudriez-vous être ? Ça serait fantastique si on pouvait devenir ce dont nous rêvons, non ? C'est là une noble chose qui mérite qu'on y réfléchisse et qu'on s'en donne les moyens. Nous pouvons nous améliorer en pensant différemment. Ce sont vos différences qui vous rendent incroyable. Les autres essaieront toujours de vous niveler pour leur propre confort, car à bas l'inconfort ! Qu'ils aillent se faire foutre. Ne courbez pas l'échine pour que les autres se sentent plus grands. Quand quelqu'un vient vous dire ce que vous êtes et vous colle une étiquette sur le front, bornez-vous à lui demander pourquoi. Pourquoi dis-tu cela ? Forcez-*le* à réfléchir.

Soyez créatives en tout, avec vos propres armes. Ça réclame du courage, mais je crois en vous ; je sais que vous avez tout ce qu'il faut pour être meilleures. Je sais que vous avez tout ce qu'il faut pour rester DEBOUT.

P.-S.

C'est le moment où je vous livre le post-scriptum de ma vie, où je vous dis où j'en suis. En l'occurrence, à un point qui me satisfait pleinement. Le fait de prendre mon courage à deux mains m'a permis de m'épanouir. De me sentir mieux dans ma peau. J'ai le plaisir de faire usage de talents artistiques qui ne servaient jadis qu'à inspirer les autres. Je tourne des campagnes de pub. Je réalise des films. Je sors un album. Je lance un projet qui me tient énormément à cœur, une ligne de soins pour la peau qui défie tout ce que l'industrie cosmétique vous refourgue au nom de prétendus besoins. Ça s'appelle The Only Skincare. J'ai travaillé sur cette formule trois-en-un avec ma tante Rory pendant huit ans. C'est une ligne stupéfiante, totalement révolutionnaire par sa simplicité et par son efficacité. Cela me rend si heureuse d'avoir trouvé une autre façon de faire les choses différemment. L'industrie cosmétique doit elle aussi changer sa manière de communiquer. En créant un produit honnête et qui marche, je vais bientôt m'attaquer à ce problème. Et puis, je l'ai déjà mentionné, mon album *Planet 9* sortira à peu près en même temps que ce livre. Les deux vont ensemble, en ceci qu'ils parlent l'un et l'autre de la liberté de penser.

Tout le monde croit que lorsque vous disparaissez de l'écran, vous cessez d'exister.

Eh bien, je suis là pour vous dire que c'est faux. Je vis

une existence passionnante et variée remplie de voyages, de travail et de joie.

J'ai passé l'essentiel de ma vie, de ma vie d'adulte, à travailler au service des autres, qui m'ont réduite au silence. Je ne le fais plus. Impossible. Je dois parler en mon nom. Mon travail, aujourd'hui, c'est celui que j'aime faire, que je suis libre de faire, et dans lequel, franchement, j'excelle. Il m'a fallu des années pour arriver à ce niveau, mais j'ai réussi. Je veux susciter la discussion afin de faire bouger les lignes.

Pendant des années, j'ai cru que je tenais ma force de mon père, mais je me trompais. Je la tire de chaque femme qui m'a précédée dans la famille. De ma brillante mère, très politisée. De mes tantes, Rory, Kelli et Debby, de ma grand-mère Nora. De mon arrière-grand-mère Ruby, qui fut l'une des premières femmes à intégrer l'université du Nouveau-Mexique. Des hommes lui balançaient tous les jours toutes sortes de choses au visage, mais elle a persévéré. Les femmes de ma famille s'en accommodent, comme beaucoup d'entre nous. Je trinque à nous toutes, qui vivons dans un nouveau monde, un monde différent, un monde où l'on n'a plus à s'habituer à ce genre de choses, un monde où on est libres. Je trinque à nous, qui en demandons davantage.

Être debout ne signifie pas ne pas avoir peur, seulement qu'il faut se dresser face à ses peurs. Alors, portez un regard critique sur ce que vous consommez, et choisissez avec sagesse. Envoyez des e-mails, tweetez, exigez autre chose de ceux qui vous font ingurgiter des fictions nocives. Et s'ils ne changent rien, boycottez ce qu'ils vous vendent. Repoussez le système dans ses retranchements quand vous voyez des injustices. Il est plus important que jamais que nos rangs grossissent, et qu'ils grossissent vite. Nos vies, nos esprits sont en jeu. Soyez conscients de la façon dont les femmes sont traitées tous les jours et prenez leur défense. Ne vous associez pas aux dégradations dont on nous accable, et combattez ceux qui le font. Ne jouez pas le jeu de la machine. Soyez meilleurs. Pensez différemment. Vous le pouvez. Vous pouvez changer le monde, à commencer par le vôtre, en étant, vous aussi, DEBOUT.

REMERCIEMENTS

Merci à tous ceux qui ont fait preuve de bonté et de considération à mon égard tout au long du chemin. Vous vous reconnaîtrez.

Composé et édité par HarperCollins France.

Achevé d'imprimer en janvier 2018.

Imprimé à Barcelone par:
BLACK PRINT

Dépôt légal : février 2018.

Pour limiter l'empreinte environnementale de ses livres, HarperCollins France s'engage à n'utiliser que du papier fabriqué à partir de bois provenant de forêts gérées durablement et de manière responsable.

Imprimé en Espagne